AF470108

DE LA

FÊTE DES NOCES D'OR

DU T. C. FRÈRE VALFRID

ET DE LA

Fondation de l'Association Amicale

DES ANCIENS ÉLÈVES

des Frères des Ecoles Chrétiennes

DE THONON-LES-BAINS

---

29 JUIN 1890

THONON-LES-BAINS
Imprimerie de la Société Anonyme de l'Union Chablaisienne
J. Mosset, Directeur.

1890

COMPTE RENDU

DE LA

FÊTE DES NOCES D'OR DU T. C. FRÈRE VALFRID

ET DE LA

FONDATION DE L'ASSOCIATION AMICALE

des anciens élèves

DES FRÈRES DES ÉCOLES CHRÉTIENNES

DE THONON-LES-BAINS

29 JUIN 1890

Préparatifs de la fête

A l'occasion de la cinquantième année de vie religieuse du T. C. Frère Valfrid, le Pensionnat Saint-Joseph se disposait à fêter son bien-aimé Directeur ; mais cette solennité devait avoir un caractère tout à fait intime.

C'est grâce à l'initiative de quelques anciens Elèves qu'elle a pris les proportions d'une grande manifestation en l'honneur du cher Frère Valfrid et de l'enseignement chrétien.

Pleins d'enthousiasme et d'ardeur, ils provoquent une réunion de leurs anciens condisciples pour leur faire part de leurs sentiments et de leur pieux dessein, qui sont accueillis aux applaudissements unanimes. Aussitôt un Comité d'organisation est élu sous la présidence de M. Joseph Moynat. Jusque-là l'élan spontané du cœur seul avait fait les frais des propositions émises et acclamées pour la solennelle célébration des Noces d'Or du cher Frère Directeur. Il s'agissait maintenant d'arrêter un plan et d'aviser aux meilleurs moyens d'exécution.

L'idée d'offrir au vénéré Jubilaire une œuvre d'art destinée à rappeler le souvenir de cette magnifique explosion de la reconnaissance et de la piété filiale, fut adoptée à l'unanimité. Mais quelle œuvre d'art ? La motion de faire hommage au cher Frère Valfrid de son portrait de grandeur naturelle, est accueillie avec empressement.

Les chaleureuses sympathies et les nombreux acquiescements que reçoivent les promoteurs de la fête de la part des anciens élèves des Frères, habitant Thonon et des amis du cher Frère Valfrid, donnèrent l'espoir de pouvoir réaliser le désir depuis longtemps exprimé de fonder une Association Amicale des anciens Elèves, à l'instar de celles établies depuis de longues années dans la plupart des Maisons d'éducation chrétienne. Une circonstance plus favorable que la fête des Noces d'Or ne pouvait se présenter pour jeter les bases de l'Association.

Ce nouveau projet admis en principe, le Comité d'organisation qui jusque-là n'avait eu recours qu'aux anciens Elèves de Thonon, dut faire appel à tous les anciens camarades, persuadé que tous seraient heureux de participer à cette fête de la reconnaissance et de l'amitié.

Les élèves actuels du Pensionnat s'associèrent avec bonheur et générosité à tous les projets de leurs chers aînés.

Dès lors le modeste hommage au cher Frère Valfrid, de son portrait, parut insuffisant.

Dans une réunion du Comité, il fut décidé que pour perpétuer le souvenir des Noces d'Or et de la fondation de l'Association Amicale, un monument au Bienheureux J.-B. de La Salle, serait érigé dans la cour de l'Etablissement.

C'est à la suite de cette décision que fut rédigée la lettre circulaire suivante :

NOCES D'OR DU T. C. FRÈRE VALFRID

Directeur du Pensionnat Saint-Joseph

Thonon-les-Bains le 2 Mai 1890.

CHER CAMARADE,

Le 29 juin prochain seront célébrées au Pensionnat St-Joseph, les Noces d'Or du Très cher Frère Valfrid, Directeur.

Les anciens élèves, habitant Thonon, au nom de tous leurs camarades, ont revendiqué l'honneur de s'associer aux fêtes de ce glorieux cinquantenaire de vie religieuse et d'apostolat et d'offrir à leur ancien Directeur le juste tribut de leur reconnaissance et de leur vénération.

Un Comité s'est constitué à l'effet d'organiser une souscription pour l'érection, dans la cour de l'Etablissement, d'un monument au Bienheureux J.-B. de La Salle.

Ce sera pour tous un précieux souvenir, rappelant à la fois l'illustre Fondateur de l'Institut des Frères et le digne religieux qui, depuis un demi-siècle, travaille avec tant de zèle et de dévoûment à l'éducation chrétienne de la jeunesse.

Ce projet a été accueilli avec un sympathique empressement. En votre qualité d'ancien élève, nous nous permettons de vous adresser un Bulletin de souscription, assurés d'avance que vous tiendrez à honneur de figurer au milieu de vos anciens camarades.

Le taux de la cotisation est laissé à la générosité de chacun, et le jour de l'inauguration, un album contenant les noms de tous les souscripteurs sera offert au Très cher Frère Valfrid.

Nous vous serions bien reconnaissants d'adresser le plus tôt possible votre adhésion au Président du Comité.

Une lettre d'invitation, contenant le programme de la fête, vous sera adressée ultérieurement.

Charmés serons-nous de vous serrer la main et de raviver nos vieilles amitiés.

LE COMITÉ :

MM. Joseph Moynat, tanneur, *Président.*
Maurice Détruche, négociant, *Vice-Président.*
François Dépierre, bijoutier, *Trésorier.*
Jules Noll, administr du journal le *Chablais et l'Echo du Salève.*
Joseph Mudry, comptable, } *Secrétaires.*
Jules Comte, propriétaire,
Louis Veillet, condtr des Ponts et chaussées,
Jules Colly, clerc d'huissier,
Albert Faye, employé au Greffe, } *Assesseurs.*

P. S. — Nous serions heureux de profiter de votre présence pour fonder une association des anciens élèves du Pensionnat.

Si dans vos connaissances, il se trouvait quelques anciens élèves oubliés par mégarde, prière de leur communiquer la présente.

Comme l'avait pressenti le Comité, les adhésions et les souscriptions arrivèrent nombreuses. Une multitude de lettres, de félicitations et de remerciements prouvèrent que les organisateurs de la fête avaient été les interprètes de tous les cœurs et de tous les sentiments.

Nous nous faisons un plaisir d'en reproduire quelques fragments.

Bonneville, 24 Mai 1890.

Merci d'avoir pensé au vétéran qui n'a oublié ni le professeur, ni le préfet de discipline, le Très R[d] Frère Valfrid.

. . . .

Que Dieu le bénisse et lui accorde encore de longs jours pour le bien qu'il nous a fait en nous inculquant, en même temps que l'instruction, un respect profond pour la discipline et la religion. . . . .

. . . .

Cluses, 26 Mai 1890.

Votre lettre m'a ému, et en évoquant en moi les souvenirs agréables du passé, j'ai souri à mes camarades et pensé aussitôt à mes anciens Maîtres. C'est avec joie que je viens participer par mon obole à l'érection du monument au Bienheureux J.-B. de La Salle destiné à perpétuer le souvenir du très aimé Directeur Valfrid.

Si aucun empêchement ne survient, je me ferai un plaisir de prendre part à la fête du 29 juin prochain.

Veuillez agréer l'assurance de mes meilleurs sentiments.

***

Thônes, le 29 Mai 1890.

Je m'associe avec un grand plaisir aux anciens élèves du Frère Valfrid pour lui apporter mon tribut de reconnaissance et de respect. Aussi suis-je heureux de vous offrir ma petite cotisation en mon nom et au nom de mes parents.

. . . .

Je regrette beaucoup de ne pouvoir me rendre à votre fête de famille du 29 juin ; mes occupations m'en empêchent ;

mais dites au bon Frère Directeur qu'un de ses élèves se fera un devoir de penser à lui d'une manière spéciale au Saint Sacrifice de la Messe, et qu'il espère être plus heureux aux Noces de Diamant.

J'irai à Thonon ces vacances et entendrai encore les échos retentir des louanges adressées en ce beau jour de la St-Pierre.

En attendant, veuillez recevoir mes hommages respectueux et mes remerciments pour avoir bien voulu penser à moi.

***

Dans son numéro du 31 Mai, le *Courrier de Genève* s'exprime ainsi :

« On nous communique la lettre circulaire adressée aux anciens Elèves du Pensionnat de Thonon. Elle fait honneur au Comité qui a pris l'initiative de la fête, et nous ne doutons pas que le projet annoncé ne trouve des adhérents non seulement parmi les anciens élèves, mais encore chez un grand nombre d'autres bons catholiques. »

Suit la lettre circulaire aux anciens Elèves...

C'est de toutes parts le même concert de félicitations, le même parfum de piété et de reconnaissance.

Le nombre des adhésions et le chiffre des souscriptions ne laissant plus de doute sur le succès de l'entreprise, le Comité, avec un zèle digne de tout éloge, songea aux dernières dispositions à prendre pour l'organisation de la triple fête des Noces d'Or du Très cher Frère Valfrid, de l'inauguration du monument du Bienheureux J.-B. de La Salle et de la Fondation de l'Association Amicale des anciens Elèves.

Rien n'est négligé de la part de cette vaillante jeunesse, dont le courage et le dévoûment sont à la hauteur de la noble mission qu'elle s'est imposée.

Glorifier l'enseignement chrétien et les vertus religieuses, affirmer la vitalité de sa foi, se prêter aide et secours dans les luttes de la vie ; tel est le but éminemment chrétien qu'elle poursuit.

Inspirée par de tels sentiments et organisée par l'élite de notre jeunesse catholique, cette fête ne pouvait manquer d'être sympathique à la religieuse population de Thonon et aux anciens élèves des Frères.

Que de faits, de cordiales adhésions, de généreuse émulation pourraient être relatés !

Genève, Fribourg, Lucerne, organisent des sous-Comités ; partout les anciens Elèves rivalisent d'ardeur et de générosité.

Cependant un projet de Statuts de l'Association Amicale est élaborée, et le piédestal, destiné à recevoir le magnifique groupe du Bienheureux de La Salle, est en voie d'exécution, grâce au concours intelligent et empressé de M. Guyon, architecte.

Dès le 27 Mai, nous apprenons avec bonheur que Sa Grandeur, Mgr Philippe, évêque de Lari, accepte avec un cordial empressement la présidence de la fête, et le 7 juin, le Comité peut adresser aux souscripteurs la circulaire et le programme suivants.

NOCES D'OR DU T. C. FRÈRE VALFRID

Directeur du Pensionnat Saint-Joseph

Thonon-les-Bains, le 7 Juin 1890.

CHER CAMARADE,

L'accueil sympathique fait à notre circulaire du 2 Mai, nous fait espérer dès maintenant la réussite complète de nos projets.

Aussi venons-nous, aujourd'hui, vous prier d'assister nombreux aux Noces d'Or du T. C. F. Valfrid, afin de lui donner une preuve éclatante de notre attachement et de notre reconnaissance.

Certains d'être les interprètes d'un désir depuis longtemps exprimé, nous avons élaboré un projet de statuts pour une Association Amicale des anciens élèves, projet que nous souhaitons soumettre à votre approbation, à notre première Assemblée générale le 29 juin prochain.

Si, comme nous l'espérons, vous acceptez notre amical rendez-vous, vous voudrez bien faire parvenir votre adhésion avant le 15 juin à M. Moynat, tanneur, Président.

Nous vous prions de communiquer cette lettre aux anciens élèves à qui elle ne serait pas parvenue.

Veuillez agréer, Monsieur et cher Camarade, l'expression de nos sentiments dévoués.

Le Comité.

PENSIONNAT ST-JOSEPH de THONON-LES-BAINS

Le 29 Juin 1890

NOCES D'OR DU T. C. FRÈRE VALFRID DIRECTEUR

Fondation d'une Association amicale des anciens Elèves

INAUGURATION D'UN MONUMENT ÉRIGÉ EN L'HONNEUR DU BIENHEUREUX J.-B. DE LA SALLE

ORDRE DU JOUR :

6 h. 1/2. — Messe basse.
8 h. 1/2. — Messe pontificale célébrée par Mgr Philippe. Sermon par le Rd P. Joseph
10 h. — Hommages au T. C. Frère Valfrid,

11 h. 1/2.	—	Assemblée des anciens Elèves.
12 h. 1/2.	—	Banquet.
4 h.	—	Bénédiction du Monument au Bienheureux de La Salle suivie du Salut du Très Saint-Sacrement.
8 h.	—	Illumination.

Ce programme dut être modifié ; par une lettre datée de Saint-Paul, Sa Grandeur, Mgr Philippe, nous exprimait sa peine et ses regrets de ne pouvoir tenir sa promesse, nous assurant qu'il serait avec nous par la pensée, par le cœur, par ses prières et ses vœux.

Des lettres, pleines d'affectueux hommages et de touchants souvenirs, nous arrivent de tous côtés ; il suffira d'en citer quelques extraits pour se convaincre que les Frères ont su former partout des hommes au cœur pieux, vaillant et fidèle.

Megève, le 24 juin.

. . . .

Il m'eût été bien doux d'assister aux Noces d'Or du bien-aimé Valfrid ; hélas ! ma mauvaise santé me prive de ce bonheur ; mais soyez sûr que mon cœur et ma pensée seront avec vous. . . . .

Fribourg, le 27 Juin 1890.

Mon cher Président et Ami,

Si j'ai attendu pour t'écrire, c'est que je pensais, j'espérais pouvoir te dire que je me rendrais à la fête du 29 ; mais hélas ! cela m'est absolument impossible, et mon cœur en souffre bien. J'aime tant les chers Frères ; mon cœur leur est si reconnaissant et si dévoué que c'est pour moi un gros chagrin de ne pouvoir participer à cette brillante réunion de dimanche. Oh ! la dure privation !. . .

Mais il me reste une consolation, c'est la pensée de pouvoir me rendre une autre année à la réunion des anciens Elèves.

D'avance je te donne mon nom ; inscris-le sur la liste des associés, et compte sur tout mon dévoûment à la nouvelle corporation.

Reçois, cher Ami, l'expression la plus vive de toute mon amitié.

* * *

Guise, 28 Juin 1890.

Je ne veux pas laisser passer cette belle fête sans vous exprimer tous les regrets que me cause l'impossibilité de m'y rendre, par suite de l'éloignement considérable ; mais j'y serai par la pensée et je me joins de tout cœur aux hommages décernés au vénéré Frère Valfrid. . . . .

J'adhère dès maintenant de tout cœur à l'Association Amicale des anciens Elèves, dont je comprends le but éminemment utile et les excellents résultats.

***

La Frasse, 27 Juin 1890.

....B. L. et son fils J. ses anciens élèves et amis, s'unissent de cœur à la légion de leurs anciens condisciples, qui auront le bonheur de fêter à Thonon les Noces d'Or du cher Frère Valfrid, le 29 courant.

Aix-en-Provence, 27 Juin 1890.

..... Il m'a semblé qu'un vivat de plus, un vivat épistolaire, vous arrivant du fond de ma Provence, tout imprégné du parfum des pins maritimes de mon beau lac méditerranéen, qui ne vous a envoyé à Thonon que son portrait en miniature ; il m'a semblé que ce lointain vivat ne vous serait pas moins agréable à recevoir qu'à moi de vous le donner . . . .

.... Recevez mon chaleureux vivat, et que les échos vibrants de vos belles Noces d'Or parviennent jusqu'à moi ; qu'ils fassent tressaillir les mânes de Sextius, l'homme essentiellement thermal, qui présidait aux fondations des thermes d'Aix en Provence et d'Aix en Savoie et que je veux associer dans mon toast aux destinées de Thonon thermal.

Vive le Frère Valfrid ! Vive Thonon-les-Bains ! et surtout son Collège St-Joseph !

Cressier sur Morat, 28 Juin 1890.

Je m'unis du fond du cœur à toutes les prières et à tous les vœux des Noces d'Or du Frère Valfrid.

N'étaient la distance et la circonstance du dimanche, je serais allé me joindre à cette couronne de prêtres, de jeunes gens, d'hommes mûrs et de Frères bien-aimés, qui le fêtent avec tant de bonheur et de reconnaissance. Hélas ! le sacrifice de l'éloignement m'est imposé. Mais, à la Ste-Messe que je célébrerai à vos intentions demain, mon cœur sera auprès de vous.

Que Dieu, St François de Sales et le Bienheureux de La Salle vous comblent tous de leurs bénédictions ! Que Dieu conserve à notre vénération et à notre amitié le bien cher Frère Valfrid !

***

Pontcharra, 28 Juin 1890.

Je regrette vivement de n'avoir su qu'à la dernière heure les préparatifs de la belle solennité des Noces d'Or du cher Frère Valfrid.

Croyez que j'aurais été très heureux de me retrouver au milieu de mes anciens condisciples et de présenter, en ce jour mémorable, au vénéré Directeur du Pensionnat, mes hommages de respect et de reconnaissance. . . . . . .

***

La *Petite Gazette* de Thonon-les-Bains, dans son numéro du 26 juin :

.... Nous n'avons pas à rappeler ici le mérite du héros de cette fête

La population de Thonon se souvient de l'éclatant hommage rendu aux Frères des Ecoles Chrétiennes dans un discours prononcé, il y a deux ans, par l'éloquent Aumônier du Pensionnat.

Nous nous associons de cœur aux hommages rendus à ces dévoués instituteurs de la jeunesse.

LA FÊTE

La sage prévoyance du Comité avait tout organisé ; programme, statuts, décoration, banquet ; rien n'était livré à l'incertain dans cette fête qui devait laisser dans les âmes des émotions si chrétiennes et raviver tant de saintes et douces amitiés.

Dès la veille, le groupe monumental du Bienheureux J.-B. de La Salle est érigé, mais un voile le dérobe aux regards jusqu'à l'ouverture de la fête.

L'intérieur de l'Etablissement est d'un aspect splendide. Toutes les façades de la maison sont ornées d'oriflammes aux couleurs variées, de trophées de drapeaux, d'inscriptions, de guirlandes, de verdure. Des mâts vénitiens surmontés de banderoles flottantes sont disposés avec art autour des cours et près du monument du Bienheureux.

Chaque mât, chaque pilier, porte un cartouche, rappelant soit un fait de la vie du Bienheureux, soit une date mémorable de la vie du Cher Frère Valfrid. Des inscriptions, des festons courant d'un mât à l'autre, expriment d'une manière parfaite les sentiments qui animent toute l'assistance.

A l'entrée, au péristyle est dressé un arc de triomphe ; sur l'une des faces on lit : SOYEZ LES BIENVENUS,

Sur l'autre : FOI, COEUR ET VAILLANCE FONT SAGE ADOLESCENCE.

Au pied de l'escalier de la chapelle s'élèvent de grands mâts au sommet desquels flottent d'immenses oriflammes aux couleurs et aux armoiries de l'Institut des Frères des Ecoles chrétiennes et du Bienheureux J.-B. de La Salle.

Le préau, où doit avoir lieu le banquet, disparaît sous l'éclat des tentures, des guirlandes et des drapeaux de tous pays.

Quant à la chapelle, jamais elle ne fut mieux parée.

Chaque colonne porte des oriflammes, des inscriptions en l'honneur des Saints Patrons de l'Etablissement et de la jeunesse : St Pierre, St Joseph, St François de Sales, St Louis de Gonzague, St Stanislas de Kostka, les S. C. de Jésus et de Marie et le Bienheureux J.-B de La Salle.

En un mot, l'aspect dans les cours et dans la chapelle a quelque chose de ravissant et qui porte à la foi et à la prière.

Mais si l'œil ne pouvait déjà se lasser de contempler dans ces décors toute la fécondité de la piété filiale, combien plus l'esprit et le cœur seront frappés et saisis du spectacle des actes de piété, de vénération et de cordiale amitié qu'ils auront à admirer durant cette fête à jamais bénie !

Selon le programme, à 6 heures du matin, messe basse à laquelle communient tous les élèves actuels du Pensionnat et un grand nombre des anciens, arrivés dès la veille de Fribourg, de Bulle, de Genève, etc.

L'inclémence du temps en a sans doute arrêté quelques-uns ; néanmoins ceux de La Roche, d'Evian, de Genève et des environs, et de vingt autres directions, arrivent pour la Messe solennelle célébrée à 8 h. 1/2 par M. l'Abbé Jordan, Curé-Archiprêtre de Thonon, assisté par deux prêtres, anciens élèves.

Avant la messe, élèves, anciens élèves, parents et amis remplissent les cours.

Pour se rendre à la chapelle, ainsi que cela a lieu dans les grandes solennités, le cortège se forme dans la cour, et le défilé se fait aux sons de la fanfare. Les élèves ouvrent la marche, puis vient le corps de musique, ensuite les enfants de chœur et le clergé, enfin le Cher Frère Directeur, escorté de ses confrères et suivi d'un grand nombre d'anciens élèves et d'amis.

La chapelle se trouve trop petite pour recevoir tant de monde, bien que les élèves des deux corps de musique se pressent à la tribune et que les classes des petits n'assistent pas à cette cérémonie.

La chorale exécute avec une rare perfection la magnifique messe en musique du Frère Léonce.

Après l'Evangile, le R. P. Joseph, ancien aumônier militaire, supérieur des orphelinats de Douvaine et de Chens, ami et insigne bienfaiteur du Pensionnat, que toutes les générations d'élèves depuis 1870 ont appris à connaître et à aimer, commenta le texte sacré : *Posui vos ut eatis et fructum afferatis et fructus vester maneat :* Je vous ai établi afin que vous alliez, que vous portiez du fruit et que ce fruit reste.

Nous regrettons de ne pouvoir donner qu'une pâle analyse du magnifique et éloquent discours du R. P. ; rarement le célèbre prédicateur a été aussi bien inspiré et a eu d'aussi nobles et pathétiques accents.

Après avoir rendu hommage au vénéré Jubilaire, l'éminent orateur félicite les vaillants promoteurs de cette grande manifestation de la reconnaissance et de la piété filiale.

Il est ravi du spectacle que lui donne ce concours incomparable d'élèves et d'amis formant là, au pied de l'autel, la plus belle couronne qu'une âme d'apôtre puisse ambitionner.

Puis, expliquant son texte, il se pose cette question :

Qu'est-ce que l'apôtre ? C'est un envoyé d'une puissance qui est supérieure, à ceux qui sont inférieurs, afin d'exercer une mission pour un bien déterminé. Tel est le sens que donne St Thomas d'Aquin à cette grande institution appelée l'apostolat. Au sens strict, il convient de l'attribuer seulement au sacerdoce du Christ communiqué par lui aux Apôtres et à leurs successeurs. L'Eglise est le grand cénacle où se perpétue cet apostolat.

Toutefois, ne l'oublions pas, et élevons-nous à des horizons plus vastes et nous découvrirons un autre apostolat, voulu de Dieu dans la grande famille chrétienne.

Nul, à ce point de vue, n'a le droit de se désintéresser : chacun est solidaire de l'âme de son frère ; la Ste Ecriture l'a proclamé. Est apôtre quiconque a connu et senti la beauté et le prix des âmes...

Et voilà pourquoi, le premier vicaire du Christ, Saint Pierre, dont nous célébrons aujourd'hui la fête, a loué, dans le chrétien, les grandeurs de ce sacerdoce, qui découle de son baptême, en le qualifiant de peuple choisi, nation sainte, sacerdoce royal.....

Vous le voyez, les termes les plus pompeux et les plus riches sont consacrés à exalter l'apostolat que Dieu demande de nous tous.

Ah ! mes enfants et mes Frères, si vous étiez pénétrés toujours de votre grandeur, de votre dignité, de la noblesse de vie que l'Eglise catholique exige de vous, comme vous vous respecteriez ! dans quelle mesure votre vie répandrait au loin le baume de l'édification ; et l'impie lui-même, en vous voyant, serait obligé de confesser avec un protestant illustre que l'Eglise catholique est la plus grande école de respect qui ait jamais existé ! . . . .

. . . .

Ce sera l'éternel honneur du grand Institut du Bienheureux J.-B. de La Salle d'avoir exercé, avec une fidélité indestructible, ce sacerdoce du Christ au milieu de la jeunesse.

Mais encore faut-il à cet apostolat des conditions qui en assurent le succès, une base qui puisse contenir l'édifice.

Le Christ y a pourvu.

Un jour, un adolescent, ravi de sa doctrine, lui dit : Seigneur, que faut-il que je fasse pour entrer dans la vie ? Le Maître répondit : Gardez mes commandements. — Seigneur, dit le jeune homme, je les ai observés depuis mon enfance. Alors continua J.-C., allez, vendez tous vos biens, donnez-en le prix aux pauvres et suivez-moi. »

Et ainsi fut constitué à jamais, par la main du Fondateur de l'Eglise, le grand œuvre des Instituts religieux.

A partir de ce moment, des millions d'hommes iront grossir les rangs de l'apostolat, en observant la perfection de l'Evangile.

Qu'on ne s'étonne donc plus des anathèmes que le saint Concile de Trente a prononcés contre les persécuteurs, les détracteurs des Congrégations religieuses ; elles appartiennent, c'est encore l'enseignement de St-Thomas, à l'essence même de l'Eglise, et qui ne sauraient être détruites sans que ce grand corps soit ébranlé dans son économie providentielle.

Que sont devenues les églises séparées où la vie religieuse n'existe plus qu'à l'état de fantôme ?...

Malheur donc à ceux qui persécutent les religieux !...

Malheur aux peuples, aux pays qui les repoussent de leur sein !...

L'esprit de sacrifice, l'immolation, l'héroïsme allant jusqu'au martyre, disparaissant avec eux, il est bien avéré que la civilisation, apportée au monde par l'Evangile, serait tarie dans son germe.

Je sais fort bien que les libres-penseurs, les cœurs étroits, les esprits superficiels, ne veulent pas entendre ces doctrines...

Lorsque Napoléon Ier se prépara à envahir l'Espagne, quelqu'un lui disait : « Vous allez trop loin ; prenez garde d'attaquer cette masse de peuple. » Il répondait : « cette nation espagnole a été faite par des moines, et toutes les nations qui ont été faites par des moines, sont des nations lâches...»

Cette fois, le conquérant se trompa, ces chrétiens espagnols, formés par des moines lui résistèrent, et bientôt le colosse fut jeté à terre, et il apprit à ses dépens que la flamme de la religion est aussi celle du patriotisme.

Je l'affirme, ce sont les religieux et les moines qui portent au loin le flambeau de leur foi, et ce sont eux qui honorent le mieux jusqu'aux extrémités de la terre, au prix de leur sang, le drapeau de la patrie française.....

Ne vous étonnez donc pas qu'au lendemain de ses Noces d'Or, le Souverain Pontife Léon XIII, voulant décerner un témoignage honorifique à ceux qui servent le mieux l'Eglise et leur patrie, fixât sur la poitrine du T. H. Frère Joseph, cette médaille d'or, qui commandera désormais le respect à ceux qui aiment encore la religion.

Il est donc légitime, Messieurs, qu'à l'exemple de notre grand Pape, vous fassiez acte de justice à ces fils vaillants du Bienheureux J.-B. de La Salle.

Plus les religieux sont persécutés, plus aussi il est de notre devoir d'exalter leur vocation....

C'est faire œuvre de religion et de patriotisme......

Soyez donc félicités et bénis d'entourer aujourd'hui de tant d'amour et de vénération ce Frère des Ecoles Chrétiennes, qui donna à Dieu les prémices de son cœur et de sa foi, à l'heure où tant d'autres recherchent les plaisirs et l'honneur.

Il entre dans cette grande école de vertu qu'on appelle le Noviciat, il en sort purifié et aguerri ; son jugement, ses incontestables talents lui feraient une brillante carrière selon le monde ; désormais il n'en aura pas d'autre que l'apostolat des petits enfants....

Vous l'avez vu vous-mêmes à l'œuvre dans cette ville de Thonon, il y a cinquante ans, puis au Pensionnat de La Motte, où son action fut si remarquée ; dans celui de Sallanches, qu'il tira du néant, afin de porter les bienfaits de l'éducation dans cette vallée si appauvrie de Chamonix et jusqu'au pied du Mont-Blanc ; et, succédant au pieux Frère Alman, il arrive ici au lendemain de ce désastre inouï, qui détruit deux fois ce Pensionnat St-Joseph, qu'il releva de ses ruines.

Contemplez donc, mes Frères, ce que peuvent l'obéissance, la chasteté, la pauvreté du religieux....

Et ce n'est pas seulement la Savoie, c'est la Suisse, déchirée par les sectes et le protestantisme, qui de Genève à Bâle et à Constance, est redevable au cher Frère Valfrid et à ses auxiliaires de l'éducation chrétienne, d'un grand nombre de ses fils...

Vous l'avez donc bien mérité, mon très cher Frère, cette couronne d'or de votre cinquantenaire. Portez-la longtemps encore pour l'édification de vos Frères, la joie de vos amis, le bonheur de ces jeunes élèves, dont vous méritez d'être le père ; portez-la jusqu'au jour où Dieu la remplacera par une autre couronne plus précieuse que le diamant, celle qu'il décerne dans son Evangile au Serviteur fidèle.

Au sortir de la chapelle, la nombreuse assistance se range, sous le préau, pour offrir ses hommages au cher Frère Directeur.

Pendant que la Fanfare fait retentir ses plus brillants accords, le vénéré Jubilaire prend place sur une estrade délicatement ornée.

Il a à ses côtés le Rd P. Joseph et M. l'abbé Desbiolles, Aumônier de l'Etablissement.

Les membres du clergé, une délégation de confrères de La Motte, Sallanches, Annecy, St-Julien, La Roche, Reignier et des communautés voisines, les élèves anciens et actuels, ainsi que la foule des amis, forment une magnifique couronne autour de lui.

Puis, M. Joseph Moynat, président du Comité d'organisation, lit avec force et onction le discours suivant qui, à maintes reprises, provoque d'enthousiastes applaudissements.

Très cher Frère Valfrid,

Vous voyez réunis autour de vous, bon nombre de vos anciens élèves et de vos amis, accourus pour vous apporter en ce jour béni, le tribut de leurs hommages respectueux, de leur reconnaissance et de leur vénération.

C'est non sans émotion que je prends la parole dans cette imposante solennité des Noces d'Or, devant cette foule empressée de jeunes gens, de camarades et d'amis d'enfance, d'hommes mûrs de tout âge, de toute condition, de tous pays, devant le Révérend Père Joseph, que les générations d'élèves ont appris à connaître et à vénérer, devant Messieurs les Aumôniers, qui se sont succédé dans cet Etablissement et dont le souvenir nous reste toujours cher et précieux.

Mais je dois et veux surmonter cette émotion et m'estime heureux et fier, en ma qualité de Président du Comité d'organisation de cette fête, d'être l'interprète de tous les sentiments, l'écho de tous les cœurs auprès du cher Frère Valfrid. C'est donc pour célébrer votre cinquantenaire de vie religieuse, Très cher Frère Valfrid, que nous sommes ici réunis, que cette fête s'est organisée.

Elèves et amis ont rivalisé de générosité, d'enthousiasme et de cordialité pour faire de vos Noces d'Or, une triomphale manifestation de notre reconnaissance et de notre inviolable attachement aux principes chrétiens qui ont présidé à notre éducation ; une glorification de votre longue et féconde carrière de dévouement, d'abnégation et de lutte pour la cause de Dieu et des âmes.

Quand on fut cinquante ans au travail, à la peine,
N'a-t-on pas tous les droits d'être un jour à l'honnêur,
Et de grouper les siens pour mieux reprendre haleine
Dans un *Magnificat* parti du fond du Cœur ?

Le Pensionnat St-Joseph, on peut le dire, s'est élevé, développé, a prospéré, grâce à vos soins, à votre énergique impulsion.

Le vénéré Frère Alman, dont le nom est synonyme de bonté et de paternité, vous accueillait dès 1840, au début de votre carrière d'apostolat. Dès lors, vous devenez son constant auxiliaire, son bras droit, pour la réalisation de son œuvre.

C'est ainsi qu'en 1862, vous accourez à son appel lui apporter le concours de vos lumières, de vos talents, de votre énergique activité, pour être, en 1875 l'appui, le consolateur de ses vieux jours, l'héritier et le continuateur de son œuvre. Et toutes les générations d'élèves saluent en vous un autre Frère Alman, un bon père, un sage Directeur. Il nous souvient que le cher Frère Alman, en vous remettant la direction de son cher Pensionnat, nous adressait ces quelques mots : « Mes bons Amis, mes forces m'abandonnent et ne pouvant plus suffire à la tâche, je vous donne un autre moi-même. »

Il avait dit vrai.

Elèves, nous le comprenions et, en rentrant dans nos classes, chacun de se dire : Comme il a l'air bon ! Les années n'ont pas démenti notre appréciation. Le spectacle grandiose dont nous sommes en ce jour les acteurs, en est une preuve manifeste. Le monument du Bienheureux Jean-Baptiste de La Salle que nous vous offrons comme couronnement de votre cinquantenaire de vie religieuse, vous parle plus éloquemment que tout langage.

L'une des grandes joies de votre vie fut la glorification de votre Bienheureux Fondateur.

Aussi l'idée de vous offrir en hommages la statue de celui que fut votre modèle et l'inspirateur de votre vie, a-t-elle été accueillie avec un touchant enthousiasme, persuadés que nous ne pouvions faire un choix qui vous fût plus agréable et qui fût plus digne de vous.

Puisse votre Bienheureux Père apporter avec lui toutes les bénédictions du Ciel et faire du Pensionnat St-Joseph, sa maison de prédilection ! Puissent les deux enfants qui l'escortent, modèle touchant de docilité, de piété et d'application, avoir de nombreux imitateurs dans les futures générations d'élèves !

Puissent-ils vous rappeler dans vos prières, le souvenir de vos anciens élèves fidèles et reconnaissants !

Nous, T. C. F. Valfrid, comme eux, nous resterons toujours jeunes, jeunes par la vivacité de notre foi, de notre amour et de notre reconnaissance.

Grâce à l'amitié et au riche pinceau de M. Baud, le peintre inspiré du Bienheureux J.-B. de La Salle et du Frère Alman, nous avons l'indicible plaisir de posséder à jamais vos traits vénérés, votre fidèle image.

Jouissez, T. C. F. Directeur, de cette magnifique explosion de la reconnaissance et de l'amitié ; jouissez de ces pieux souvenirs, témoignage impérissable de la glorieuse solennité de vos Noces d'Or.

Les émotions que nous ressentons, la joie qui rayonne sur tous les fronts, ce concours empressé d'amis et d'élèves de tout âge, formant la couronne la plus belle et la plus vivante de ce cinquantenaire; toutes ces mains qui se tendent vers vous, ces vivats enthousiastes, vous disent mieux que ma parole que la mesure de notre amour, de notre reconnaissance, de notre vénération est sans limite.

Au nom de tous nos anciens camarades, au nom des absents que la distance retient loin de nous, au nom de tous vos amis, je répète du fond du cœur.

Au Très cher Frère Valfrid,

Amour, Honneur, Merci.

A son tour, un élève du Pensionnat, au nom de ses condisciples rend hommage au T. C. Frère Valfrid et souhaite la bienvenue aux anciens élèves dans les termes suivants :

TRÈS CHER FRÈRE DIRECTEUR.

Les hommages et les vœux qui viennent de vous être adressés avec tant d'élévation et de filial amour par M. le Président du Comité, sont ceux de vos enfants, commis encore à votre garde.

Nous applaudissons de toute l'effusion de notre âme aux sentiments si généreux et si chrétiens de nos aînés, à leurs témoignages de fidélité, de reconnaissance et de vénération.

Nous n'avons rien à ajouter à l'expression de si nobles accents; mais qu'il nous soit permis de féliciter M. le Président d'avoir été l'interprète éloquent et fidèle de notre cœur et d'adresser nos remercîments et nos souhaits de bienvenue à nos aînés, qui ont puisé aux mêmes sources que nous, dans ce Pensionnat St-Joseph, les bienfaits de l'instruction et de l'éducation chrétienne. Soyez tous remerciés, Messieurs, de votre empressement et de votre généreuse coopération à cette fête.

Nous sommes heureux et fiers du succès de votre noble entreprise et c'est avec bonheur que nous nous promettons de faire partie de l'Association Amicale que vous fondez aujourd'hui.

A votre exemple, Monsieur le Président et Messieurs, nous conserverons toute la vie les principes de foi et de piété, qui font le bon élève sur les bancs de l'école, le brave jeune homme, le citoyen honnête dans le cours de la vie.

Quel plus beau spectacle vit-on jamais dans cette Maison ? Jeunes gens, hommes mûrs, viennent y retremper le pieux souvenir des pures joies de leur jeunesse. Amis du Frère Valfrid et Bienfaiteurs de l'enfance sont là aussi pour nous témoigner leurs sympathies et nous seconder de leurs encouragements.

Jouissez T. C. Frère Directeur, d'un pareil spectacle, digne de votre cœur de père et d'ami de l'enfance.

Jouissez des joies que le Ciel vous prodigue en vous entourant de cette magnifique couronne d'enfants, de jeunes gens et d'amis.

Daigne le Bienheureux J.-B. de La Salle, qui trône au milieu de nos cours, répandre sur cette assemblée, sur nous, vos enfants, sur vous, T. C. Frère Directeur, toutes les faveurs du Ciel et les bénédictions de la jeunesse chrétienne !

M. le Président, avec beaucoup d'à-propos et de grâce, remercie l'élève qui, dans des sentiments si délicats et si noblement exprimés, a souhaité la bienvenue aux anciens Elèves.

Un témoignage qui a vivement impressionné le cher Frère Directeur, est venu s'ajouter à ceux qui venaient de lui être offerts.

L'excellent Directeur du Pensionnat de La Motte a eu la délicate attention de déléguer son cher Sous-

Directeur, muni d'une adresse de félicitations, signée par tous les Frères et les principaux élèves de son florissant Pensionnat, pour le représenter à la fête des Noces d'Or, et d'offrir en hommage de leur affectueuse reconnaissance, deux magnifiques Tableaux : *La Motte*, où le cher Frère Valfrid s'est dévoué pendant de longues années et *Thonon*, où il continue à prodiguer ses talents et son ardente charité.

Le Sonnet suivant relatif au portrait peint par M. Baud est ensuite lu par un élève de la première classe.

PORTRAIT DU C. F. VALFRID

(Sonnet).

J'admire ce travail où la grâce est parfaite...
C'est bien Valfrid, ses traits, son œil, plein de douceur ;
Son front où l'on peut voir s'épanouir son cœur,
Et ses beaux cheveux blancs, qui couronnent sa tête.

Qu'il est beau de pouvoir, armé de sa palette,
Animer sous ses doigts une toile muette,
Et de rendre avec art la forme, la couleur,
L'éclat, le mouvement, la vie et la fraîcheur !

L'artiste, dont la main a produit tour à tour
La Salle et Frère Alman, nous présente en ce jour
Du bien-aimé Valfrid cette fidèle image.

Pour vos nombreux bienfaits, votre amour paternel,
Valfrid, votre Portrait, souvenir immortel,
Est de vos chers enfants, le filial Hommage.

F. U. A.

La magnifique cantate ci-après, dédiée au cher Frère Directeur, à l'occasion de ses Noces d'Or, dont les paroles sont du cher Frère Virgile et la musique du cher Frère Vincent, a été exécutée avec un brio et une précison remarquables ; c'est un véritable chant d'amour, de reconnaissance et de triomphe.

LES NOCES D'OR DU CHER FRÈRE VALFRID

CANTATE

Amis, debout ! Qu'une clameur immense
De tous nos cœurs annonce les transports.
Faisons vibrer les hymnes de l'enfance
Et des aînés les vigoureux accords.

Salut, Valfrid, digne fils de La Salle....
A toi nos vœux, notre amour et nos chants.
Des Noces d'Or la fête triomphale
Fait tressaillir le cœur de tes enfants.

Tout jeune encor à la grâce fidèle,
Tu renonçais au monde, à ses honneurs ;
Pour une cause et plus noble et plus belle,
Tu réservais tes forces, tes sueurs.

Et cinquante ans t'ont vu sans défaillance.
Contre le mal lutter avec ardeur ;
Servir le Christ et l'Eglise et la France,
En vrai héros, sans reproche et sans peur.

De tes bienfaits quels touchants témoignages
Dans nos vivats au jour des Noces d'Or !
Vit-on jamais plus beau concert d'hommages
De gratitude un plus brillant essor ?

Daigne La Salle à nos espoirs propice
Bénir Valfrid et ses nombreux enfants !
Sous son regard que la Maison fleurisse
Et donne au Christ des disciples vaillants.

Entre temps, la délicieuse fanfare du Pensionnat nous fait entendre plusieurs ravissants morceaux.

Puis la fraiche et délicate poésie suivante, déclamée avec une grâce, une ingénuité charmante par un jeune élève, a profondément ému l'assistance.

MON RÊVE DES NOCES D'OR

AU CHER FRÈRE VALFRID

Maintenant qu'un beau jour se lève,
Père, je viens te dire un rêve,
Le plus charmant qu'on puisse avoir,
Un rêve, comme on en raconte,
De l'âme qui, jusqu'au Ciel monte,
Durant la nuit, sans le savoir.

Hier, des célestes demeures,
L'Archange, qui marque tes heures,
Pendant mon sommeil, vint me voir,
Le lis est moins pur que ses ailes,
Les roses sont moins que lui belles,
Et moins que lui sourit l'espoir.

Je regardais !... Son front se penche,
Et les plis de sa robe blanche,
Flottent au-dessus de mon lit :
Je veux lui dire quelque chose,
Mais mon cœur frémit et je n'ose...
Sans doute que je n'ai rien dit.

Tandis que son aile me touche,
Il pose son doigt sur ma bouche
Et me montrant un livre d'or :
« Je suis l'Ange des destinées,
Dit-il, et je sais les années
Que Valfrid doit compter encor. »

Je regardais !... Du divin livre
Mes yeux ravis ne peuvent suivre
Tous les contours éblouissants.
Au-dessus tremble un léger voile,
Et son fermoir, comme une étoile,
A des reflets resplendissants.

Je regardais !... L'Ange s'incline,
Et prenant une perle fine,
Sa main l'approche du fermoir :
Puis, voilà que le livre s'ouvre
Et qu'à mon âme se découvre
Ce que notre œil ne saurait voir.

CINQUANTE PAGES radieuses,
Comme des pierres précieuses,
Comme l'aurore au front vermeil,
Me dévoilent leur doux mystère :
C'était ta vie, ô tendre Père,
Qui m'apparut comme un soleil.

Je regardais !... Je me rappelle
Qu'un moment l'Ange de son aile,
Voilant mon regard ébloui,
Je lus sur la page dernière
Ces mots éclatants de lumière :
« NOCES D'OR DU FRÈRE VALFRID. »

O Père, je ne puis décrire
Tout ce que j'ai vu... ni te dire...
Les mots que l'Archange m'a dits :
C'étaient comme des auréoles...
Et de l'Archange les paroles
Ne s'entendent qu'au paradis.

Je regardais !... De mes yeux coule
Une larme d'argent qui roule
Sur le doigt de l'Archange éclatant :
Avec amour, il la recueille,
Et la voilà changée en feuille
De magnifique papier blanc...

L'Archange alors de me sourire
Et pour me consoler de dire :
« *Je vais la mettre au livre d'or.* »
En vingt feuillets sa main la plie ;
Ainsi, bon Père, de ta vie,
S'est augmenté le doux trésor.

Je regardais !... L'Ange à son aile
Tire sa plume la plus belle
Puis autour de moi voltigeant
Et me montrant la feuille blanche,
Comme l'oiseau quitte une branche,
Au loin, je le vois s'envolant.

Mais, tandis qu'à travers l'espace,
Mes yeux ravis suivent la trace
Du Messager mystérieux,
Soudain j'entends dans l'air sonore
Vibrer du couchant à l'aurore :
VALFRID ton nom délicieux.

J'entends un hymne d'espérance,
Entonné dans le Ciel immense
Par ce refrain mélodieux :
« *Des jours fortunés vont éclore*
« *A Valfrid Dieu les donne encore,*
« *Dieu, propice aux enfants pieux.* »

Père, c'est ainsi que s'achève
De ton fils le céleste Rêve,
Le rêve qu'il eut l'autre soir.
Souris donc aux jours qui s'avancent,
Puisque les voici qui commencent
Par les accents d'un saint espoir !...

Le cher Frère Directeur se lève, et d'une voix pleine d'émotion, remercie chaleureusement M. le Président, les Membres du Comité d'organisation de cette fête, et tous ceux qui ont contribué à la rendre si touchante et si splendide. Personne n'est oublié dans ce merci affectueux.

Les paroles me manquent, dit-il, pour répondre à l'ovation imméritée que vous me faites et pour vous exprimer à la fois mon émotion et ma reconnaissance.

Le discours si éloquent, si noblement conçu, que vient de m'adresser M. J. Moynat, Président du Comité, est au-dessus de tout éloge et me touche profondément.

N'en déplaise à sa modestie, M. Moynat a le mérite de bien penser, de bien dire et de bien faire.

....Quel zèle, quelle ardeur, n'a-t-il pas fallu déployer pour organiser cette fête, pour parvenir, en si peu de temps, à élever ce splendide monument à la gloire du Bienheureux J.-B. de La Salle, notre illustre Père et saint Fondateur !

Je ne puis que vous féliciter et vous remercier bien sincèrement de l'heureuse et délicate pensée que vous avez eue d'un pareil choix.

Assurément, rien ne pouvait m'être plus agréable, à moi et à tous les chers Frères.

Je vous savais ingénieux et larges dans vos libéralités ; mais je ne me serais jamais imaginé que vous le fussiez à ce point, d'exécuter un projet si grandiose.

Je voudrais que tous ceux qui ont coopéré avec vous à l'érection de ce magnifique monument, fussent ici présents pour les féliciter et leur témoigner ma vive satisfaction et ma profonde gratitude.

Leurs noms sont bien mieux gravés dans mon cœur et dans le cœur du Bienheureux de La Salle, qu'ils ne le sont sur le précieux album qui vient de m'être remis . . . .

Je n'ai garde d'oublier, dans mon merci et mes félicitations, M. Guyon, architecte et M. Baud, peintre, tous deux aussi distingués par leurs qualités de cœur que par leur talent......

Et vous, chers élèves, vous oublierai-je ? Vous qui faites ma joie par votre piété, votre bon esprit, et qui me charmez par vos chants mélodieux à la chapelle, ici et partout, par vos discours en prose et en vers, par vos *Rêves célestes des Noces d'Or*, et les gazouillements des petits et intéressants canaris ?........

Merci de ces filiales démonstrations, fruit de votre travail et de votre vertu.

Vous me faites goûter aujourd'hui les plus douces, les plus belles récompenses que puisse ambitionner en ce monde un éducateur religieux....

ASSEMBLÉE DES ANCIENS ÉLÈVES

POUR LA FORMATION

DE L'ASSOCIATION AMICALE

L'Assemblée des anciens Elèves a lieu dans la Grande Salle des fêtes, sous la présidence du Rd P. Joseph, qui, dans un langage élevé, clair et précis, trace à grands traits les caractères et les résultats heureux d'une Association Amicale d'anciens élèves au double point de vue social et moral.

....C'est très heureux, dit-il, que cette fête du cinquantième anniversaire inaugure l'Association Amicale que le Pensionnat St-Joseph devrait avoir établie depuis longtemps....

Sachons nous unir, le mal s'est fait légion, il faut que le bien se constitue en armée. Vous serez le bataillon d'espérance et d'honneur..... Allons de l'avant par le sacrifice généreux, par la charité, cette chaîne d'or, qui lie le cœur de l'homme à Dieu; allons de l'avant par l'amitié chrétienne : rien n'est puissant comme elle pour faire triompher le bien dans la jeunesse surtout. Les jeunes gens s'avancent dans la vie à travers des dangers multipliés, en se soutenant les uns les autres ; leur amitié est une excitation continuelle à la vertu, à l'honneur, à la piété, au respect de soi-même, au culte de tout ce qui est grand et beau...

Heureux suis-je de me retrouver au milieu de vous, de revoir vos visages amis après cinq ans, dix ans, vingt ans, de vous compter si nombreux à cette fête, dans cette Maison qui abrita vos jeunes années.

Soyez bénis de vous liguer dans cette Association Amicale, où vous trouverez le précieux avantage et l'ineffable bonheur de la persévérance dans la voie du bien et de l'honneur. Et puissiez-vous dire comme un brave militaire me le disait dans la captivité, lors de la dernière guerre :

« Après Dieu, c'est à un ami que je dois mon bonheur. » Que cet ami soit pour chacun chaque Membre de l'Association Amicale !...

Il est ensuite donné connaissance d'un projet de Statuts de l'Association Amicale.

Chaque article est lu, discuté, arrêté puis voté.

La parole est ensuite donnée au Président du Comité d'organisation de la fête, M. Joseph Moynat, qui, avec beaucoup d'à-propos et de délicatesse, remercie le bon Père et propose à l'Assemblée de le nommer *Président d'Honneur* ; proposition qui est accueillie par d'unanimes applaudissements.

Conformément aux Statuts, l'Assemblée procède ensuite à l'élection des douze Membres du Comité d'administration de l'Association.

Sont élus :

MM. Charmot Félix, Notaire.
Blanchard François, Docteur-Médecin.
Baud Jacques, Négociant.
Dépierre François, Bijoutier.
Détruche Maurice, Négociant.
Guyon Louis, Architecte.
Meyer J.-B., Négociant.
Moynat J.-A., Huissier.
Moynat Joseph, Tanneur.
Mudry Norbert, Avoué.
Portier François, Commis de Banque.
Revillet Joseph, Représentant de Commerce.
Thomazic Joseph, Employé.

Le Comité se réunit à part, et nomme son bureau, dont voici la composition.

MM. Moynat Joseph, *Président.*
Mudry Norbert, *Vice-Président.*
Portier François, *Secrétaire.*
Moynat J.-A., *Trésorier.*

Le R[d] Père déclare que l'Association Amicale est fondée. Les anciens élèves signent la Formule d'adhésion à l'Association et la séance est levée.

BANQUET

Le mauvais temps a quelque peu retardé le banquet ; il est presque une heure. Cependant jamais matinée mieux remplie, plus variée, plus cordiale. Le menu est servi par M. Collomb, de l'Hôtel de l'Europe.

Bientôt les conversations s'animent, l'entrain et la gaîté se donnent libre carrière au sujet de joyeuses réminiscences du passé. Qu'il fait bon de se revoir entourés des personnes et des lieux qui nous rappellent les belles années de Pensionnat !...

Au dessert la fanfare fait entendre ses plus joyeux accords, et la série des toasts commence.

M. Joseph Moynat, Président de l'Association Amicale, prononce les paroles suivantes à l'adresse du T. C. F. Valfrid, de ses collaborateurs et de l'Institut des Frères.

Heureux et fier suis-je de prendre la parole dans cette imposante assemblée de jeunes gens et d'amis, devant le

T. R. P. Joseph, M. l'Aumônier de cette Maison, pour acclamer et bénir le Très cher Frère Valfrid, en ce beau jour de son cinquantenaire.

Anciens élèves du T. cher Frère Valfrid, nous sommes heureux, en ce jour de ses Noces d'Or, de pouvoir lui offrir l'hommage de notre affectueuse reconnaissance, de nous presser autour de lui, de resserrer entre nous, ses élèves, les liens de l'amitié, par l'Association Amicale, que cette fête voit s'établir.

Oui, celui qui dirigea nos jeunes années est là, souriant à ceux qu'il avait appelé ses enfants et qui, aujourd'hui sont devenus des hommes.

Il est là, après cinquante ans de labeur, de dévoûment à l'enfance, toujours jeune et debout, plein de force et de vigueur, toujours au poste du devoir.

Ses cheveux sont blanchis, mais son cœur reste jeune.

Cinquante ans se donner, se vouer tout entier à la jeunesse, en être le mentor, le guide, quel brillant et long apostolat ! que d'émotions, que de souvenirs ils évoquent !

Mais aussi que de bien accompli ! que de jeunes gens instruits et formés à la vertu, au devoir !

Vous êtes un des vétérans de la grande armée de l'éducation, de l'Institut des Frères des Ecoles Chrétiennes, cet ordre religieux et patriotique devant lequel je m'incline avec amour et respect et auquel j'adresse l'hommage bien sincère des religieux sentiments de mon amour reconnaissant et de ma profonde vénération.

Toujours et partout on le trouve le digne et fidèle héritier des traditions et des vertus de son Bienheureux Père et Fondateur, toujours prêt à tous les sacrifices, à tous les dévoûments ; toujours vainqueur dans l'épreuve, fort dans la lutte et ferme dans la persécution.

Ses membres sont dispersés à travers le monde, portant, en tous lieux, les bienfaits de l'instruction et de l'éducation, l'étendard de la religion et de la patrie.

Honneur, respect, amour au cher et vaillant Institut du Bienheureux J.-B. de La Salle !

A lui nos religieux sentiments de vive reconnaissance et de profonde vénération!

Vous, Très cher Frère Valfrid, continuez à tracer en paix votre sillon dans cette bonne ville de Thonon; continuez votre œuvre, continuez à nous prodiguer votre dévoûment.

Nous sommes heureux d'avoir vécu sous votre paternelle sollicitude et de manifester hautement les protestations de notre fidélité et de notre attachement à vous, Très cher Frère Valfrid, à vos zélés collaborateurs et à votre cher Institut.

A la santé du cher Frère Valfrid et à la prospérité de l'Institut des Frères des Ecoles Chrétiennes!...

Un élève de la première classe porte au cher Frère Directeur la santé en ces termes.

AU CHER FRÈRE DIRECTEUR

SONNET

Disciple de La Salle, héritier de son zèle,
Vous marchez sur les pas de ce pieux modèle :
De l'enfance chrétienne insigne Bienfaiteur,
Vous lui vouez toujours vos talents, votre cœur.

Malgré vos cheveux blancs, vous demeurez près d'elle,
Comme un ange gardien, comme un mentor fidèle,
Et *cinquante* ans ont vu votre vaillante ardeur
L'affermir dans la foi, dans le bien, dans l'honneur.

Naguère vous donniez vos tendres soins aux pères;
Maintenant vous formez les fils, les petits-fils;
Et l'aïeul et les fils sont tous vos bons amis.

Au Ciel montent pour vous leurs vœux et leurs prières.
Restez près de vos fils, votre pieux trésor,
Toujours jeune et vaillant comme à vos Noces d'Or.

Puis viennent les *petits Canaris* qui, comme ils le disent si ingénument « sont de toutes les grandes fêtes et les *Noces d'Or* du cher Frère Valfrid sont une belle fête. »

Ils rappellent que la Société des Canaris en 1880 avait annoncé au cher Frère Valfrid ses Noces d'Or, que le Père Joseph s'y trouverait, qu'un grand nombre des anciens élèves y seraient.... Tout ce qui a été prédit arrive exactement — grâce aux Canaris. — Puis ils commencent un délicieux entretien sur les Noces d'Or, sur les hommages rendus, le matin, au cher Frère Directeur. Pour terminer, ils promettent d'être sages et gentils comme les petits enfants qui sont auprès de la Statue du Bienheureux, qu'ils veulent suivre la trace de leurs aînés et que, quand ils seront grands, ils feront aussi partie de l'Association Amicale.

Ce charmant dialogue a réjoui tout le monde. Et les petits Canaris ont non seulement reçu des applaudissements, mais des oranges, des pâtisseries et force bonbons.

M. Comte, curé de Châtel-St-Denis, avec une verve pleine d'esprit et d'enjouement, s'exprime ainsi :

Bien vénéré et cher Valfrid et très chers convives.

Le concert des petits Canaris vient de ranimer la voix des aînés. Veuillez donc permettre que j'apporte à cette terre de St François de Sales, le salut de la Suisse, patrie de Nicolas de Flüe, qui fut tout à la fois homme de guerre, grand pacificateur et contemporain de votre héroïne d'Orléans.

Nous accourons pour fêter un grand éducateur et nous venons apporter, en présence de cette imposante assemblée notre témoignage d'admiration au vaillant Frère

Valfrid ; nous tenons à proclamer à ce cinquantenaire combien il a répondu au programme d'un véritable religieux, éducateur de l'enfance et de la jeunesse.

Ne semble-t-il pas avoir suivi la devise que Ste Thérèse avait reçue d'en haut : « Aimer, souffrir et agir. »

Le bon Frère Valfrid a porté à chacun une telle affection que tous les cœurs reproduisent aujourd'hui cet écho de l'amour.

Il nous a tellement aimés qu'il a poussé la charité jusqu'à nous punir avec vigueur. La preuve qu'il ne s'en repent pas, c'est qu'il me disait naguère à l'oreille : Si nous vous avions puni davantage, vous seriez Evêque.

Son digne Collègue, le cher Frère Viventien aussi présent à cette fête, n'était pas plus tendre, lorsque ce matin, il croyait n'avoir moissonné que des ronces et des épines. — Merci du compliment. Vous combattez avec un égal courage votre amour-propre et le nôtre.

Chacun souffre, mais nous pouvons bien nous reprocher d'avoir contribué par notre faute à augmenter le nombre des peines du vénéré Frère Valfrid. Il nous enseignait, il y a trente-huit ans, les mathématiques, à La Motte ; l'on ne finissait pas toutes les copies ; nous pratiquions l'adage de certains philosophes, cette fois trop peu matérialistes : « Un Mathématicien de plus, un homme de moins. »

Ce qui me console, c'est que malgré tout, le Ciel et la bonne nature du Frère ont suppléé ; je les vois, en effet, malgré notre malice, pleins de vie et de santé, on peut encore beaucoup espérer de chacun d'eux.

Notre Frère jubilaire n'a pas passé sa vie en contemplation ; mais la prière produisait en lui des effets directs et immédiats d'action. J'en prends à témoin le spectacle que nous avons sous les yeux : cet immense institut St-Joseph. N'est-il pas semblable à un vaste rucher où chacun vient apprendre à construire la maison de son avenir et à préparer le miel de la vie ? Avec plus de raison que Ste

Thérèse, je m'écrie aujourd'hui : « Que deviendrait le monde sans les couvents ? »

Le vénéré et cher Frère Valfrid ne doit-il pas aujourd'hui être signalé comme un des plus dignes représentants de ces Maisons religieuses, dont la vie et le dévoûment sont consacrés à Dieu et au prochain pour s'oublier soi-même.

C'est donc à bon droit que je m'écrie :

« Vivent les Couvents ! Vive le Vénéré et cher Frère Valfrid ! »

M. Dépierre, trésorier du Comité d'organisation de la fête, au nom des anciens élèves, porte au R^d P. Joseph, le toast suivant dans lequel il exalte le dévoûment, l'inaltérable amitié qui l'unit au cher Pensionnat St-Joseph.

Très Révérend Père Joseph,

Depuis vingt ans, vous prodiguez vos admirables talents, votre inaltérable amitié au Frère Valfrid, à ce cher Pensionnat St-Joseph.

Vous êtes pour les générations d'élèves qui se succèdent dans cet Etablissement un insigne et infatigable bienfaiteur.

Malgré vos occupations, vos sollicitudes, vos œuvres si multiples, jamais vos enfants de Thonon ne sont oubliés. Tous nous reconnaissons et sentons le prix de votre tendre amour et de vos touchantes bontés.

Nous nous estimons heureux et fiers de vos sympathies et de votre fidèle dévouement.

Vous personnifiez au milieu de nous non seulement la vérité et la vertu, mais la bravoure et l'honneur dont les marques éclatantes ornent votre poitrine. Votre présence nous dit à tous : foi, courage, vaillance.

Messieurs et chers camarades, je vous propose de porter une vaillante santé au Révérend Père Joseph....

Le Révérend Père Joseph se lève et annonce la plus haute consécration de la fête des Noces d'Or. Puis d'une voix pénétrée d'une religieuse émotion, il lit la Supplique suivante et la réponse de notre bien aimé et auguste Pontife, Léon XIII.

Très Saint Père.

Le Frère Siméon, Directeur du Collège St-Joseph de Rome, demande humblement à Votre Sainteté la Bénédiction Apostolique pour le Frère Valfrid, Directeur du Pensionnat de Thonon, à l'occasion de ses Noces d'Or, pour toute sa Maison, ses anciens élèves, leurs familles et ses nombreux amis.

Sa Sainteté le Pape, Léon XIII, accorde avec bienveillance cette faveur.

Signé : † Marius Mocenni,

Archevêque titulaire d'Héliopolis, Substitut du Secrétaire d'Etat.

Cette auguste faveur du Pasteur suprême de l'Eglise produit sur l'assistance une sainte et profonde émotion. Des vivats en l'honneur du Souverain Pontife et du Frère Valfrid éclatent avec transport. S'adressant aux élèves, le Rd Père ajoute :

Soyez félicités et bénis d'être accourus en rangs si serrés à cette solennité, inspirée par la reconnaissance et l'amour.

Le plus beau présent que vous lui ayez fait, à ce bon Frère Valfrid, n'est pas ce monument impérissable érigé au milieu de cette cour ; mais un monument autrement fécond et grand, celui de l'Association Amicale des Anciens Elèves, que vous avez fondée tout à l'heure.

Vous avez répondu en vrais fils de l'Eglise, au plus cher désir de Léon XIII, qui vient de donner à cette fête une si haute sanction ! Dans l'une de ses Encycliques les plus remarquables, il demandait au peuple chrétien tout entier de sortir des ornières du passé et d'apporter un remède aux maux nouveaux qui menacent la Société chrétienne. « A « l'association du mal, dit le Saint Père, opposez vaillam- « ment l'association des gens de bien. »

En effet, l'union fait la force. L'éducation chrétienne que vous avez reçue dans cette Maison serait forcément incomplète, si elle n'était pas sauvegardée au milieu des périls du monde et en face de l'ascendant du respect humain, qui fait tomber aujourd'hui tant de jeunes hommes.

Par l'Association chrétienne, vous renforcerez vos rangs ; vous résisterez aux assauts de l'erreur ; vous garderez intactes les vertus dont vous avez fait ici l'apprentissage ; vous ne serez jamais des lâches. Vous honorerez le foyer domestique ; vos mères n'auront pas à pleurer sur votre inconduite, vos pères seront fiers de vous.

Et au-dessus de ce culte de la famille, vous garderez puissant et fécond le culte de la patrie.

J'ai été sur les champs de bataille ; j'ai vu que la bravoure, la vaillance, ne s'improvisent pas, que le débauché et l'incroyant ne sont pas ceux qui se battent le mieux.

Le général du Barail avait raison de le proclamer : « Si vous enlevez au soldat la foi à l'immortalité de l'âme, vous « n'avez pas le droit d'exiger de lui le sacrifice de sa vie.»

Donc, mes amis, votre Association des anciens Elèves du Pensionnat St-Joseph à Thonon, gardera vos vertus civiques et que l'heure du danger arrive, vos vertus militaires feront à la patrie un rempart de vos poitrines.

Après la constitution de l'Association Amicale, le télégramme suivant était envoyé au T.-H. Frère Joseph, Supérieur Général de l'Institut des Frères des Ecoles Chrétiennes :

Les anciens Elèves Pensionnat Thonon constitués en Association Amicale vous présentent leurs hommages de vénération.

Joseph Moynat, *Président.*

Le T.-H. daignait répondre :

Paris, 29 Juin.

Remerciments pour vos témoignages affectueux et vœux ardents pour prospérité Association.

Frère Joseph.

Au même moment nous recevions la lettre suivante du T. C. Frère Visiteur, empêché d'assister à notre fête :

Je regrette vivement de ne pouvoir participer effectivement aux belles fêtes que célèbrera le Pensionnat de Thonon, à l'occasion des Noces d'Or de son excellent Directeur, le T. C. Valfrid.

Si je ne puis répondre à votre cordiale invitation, je m'unirai de cœur, à vous et aux nombreux amis de la Maison, qui auront le bonheur de rehausser par leur présence cette manifestation de l'amour et de la reconnaissance.

Je souhaite longue et honorable vie à l'Association des Anciens Elèves. Sa naissance, en pareil jour, sera comme le témoignage et la consécration de la religieuse et forte éducation donnée par les maîtres dévoués qui ont formé une telle génération.

Elle deviendra, je n'en doute pas, aussi prospère et aussi florissante que ses aînées de Passy, de Lyon, de St-Etienne, de Clermont, etc., qui l'ont précédée dans la voie du progrès chrétien, et qui ont déjà donné des résultats aussi beaux que consolants.

Ad multos annos! au bon et sympathique Frère Valfrid! qu'il veuille agréer les affectueuses félicitations de celui qui se dit avec le plus grand bonheur.

Votre tout dévoué ami.

Frère Polentius.

Et le cher Frère Rogatianus, Visiteur des Frères des Ecoles chrétiennes de Lyon, nous écrivait aussi :

Que du haut du Ciel, le Bienheureux de La Salle bénisse l'Association Amicale des Elèves des Frères de Thonon ! C'est de tout cœur qu'en esprit j'assiste à son baptême. Toutes mes félicitations à M. le Président et au Comité d'initiative.

M. l'Abbé Desbiolles, Aumônier du Pensionnat, d'une voix vibrante et pleine de cœur, prononce les paroles suivantes :

Lorsque le bon Maître voulut établir Pierre, chef de son Eglise, il s'assura d'abord qu'il possédait la vertu essentielle au pasteur d'âmes, l'amour.

J.-C. ne demande pas à cet apôtre s'il est humble, s'il est patient, s'il est généreux, s'il est savant. Non, mais aime-t-il ? Voilà l'unique question qu'il lui adresse à trois reprises. En effet, la charge de gouverner, de diriger les âmes, étant une mission toute de dévouement, ne peut être qu'une œuvre d'amour. On ne fait du bien aux autres qu'en raison de l'amour qu'on leur porte.

Dans cette Maison bénie, je l'affirme, on vous a aimés et on vous aime beaucoup. Mais il en est un ici qui a pour vous plus d'amour que tous les autres, c'est celui qui a reçu la mission de diriger et les Maîtres et les Elèves, c'est le cher Frère Valfrid.

Messieurs et chers Elèves, je vous propose d'acclamer avec moi non seulement les Noces d'Or mais les Noces de Diamant du bien-aimé Frère Valfrid.

Voici en substance la réponse du cher Frère Directeur aux différents orateurs qui se sont fait entendre.

On dit que la reconnaissance est le baume réconfortant du cœur. Jamais je n'ai mieux compris qu'en ce jour la justesse de cette maxime.

En vous pressant si nombreux autour de vos anciens Maîtres, vous apportez à mon cœur une joie, une consolation que ma parole est impuissante à exprimer.

Ce magnifique déploiement de la piété, de la reconnaissance et de l'amitié, les hommages personnels qui me sont rendus, me jettent dans l'embarras et la confusion.

Ce n'est que par des hymnes d'action de grâces à Dieu et au Bienheureux de La Salle, et par un merci parti du fond du cœur que je puis traduire les sentiments vifs et profonds dont mon âme est pénétrée.

Soyez bénis et remerciés, chers anciens et chers jeunes élèves du bonheur que vous me procurez, ainsi qu'à mes chers collaborateurs, vos Maitres dévoués.

Merci de vos pieux et filials témoignages de gratitude et de fidélité.

Nous prierons le Bienheureux J.-B. de La Salle d'acquitter la dette que nous avons contractée envers vous en ce jour.

Oui, Bienheureux Père, du haut du Ciel, bénissez cette jeunesse ardente et fidèle ; bénissez les dévoués organisateurs de cette fête, le Comité et son digne Président.

Je remercie tous ces messieurs, tous ces amis de leur sympathique coopération et du puissant encouragement que leur présence apporte aux œuvres d'éducation et de persévérance chrétienne. Je mentionne tout spécialement nos deux artistes, M. Guyon, architecte et M. Baud, peintre.

Anciens et jeunes élèves, et vous, mes chers collaborateurs, veuillez vous joindre à moi pour porter un chaleureux vivat à nos amis et protecteurs.

Au R. P. Joseph, l'ami et le bienfaiteur insigne de cet Etablissement. On l'a heureusement rappelé tout à l'heure; depuis vingt ans, il nous consacre son dévouement, son éloquence et son cœur d'apôtre.

Je me félicite de l'occasion qui m'est fournie de proclamer devant vous tous, amis et élèves, les titres de vénérations, les bienfaits inappréciables de cet autre dom Bosco de la charité.

A Monsieur notre cher Aumônier, l'homme de cœur par excellence, le tendre ami, le guide sûr et infatigable de cette jeunesse confiée à nos soins.

Je puis le dire, en toute vérité, au zèle et aux vertus de l'apôtre, il ajoute les tendresses et les sollicitudes de la mère.

Après ces paroles tout enflammées de foi et de reconnaissance, le cher Frère Directeur porte un toast à la vitalité et à l'expansion de l'Association Amicale, à son zélé et sympathique Président, à tous les membres du Comité d'administration.

Sous l'impression de tout ce qu'il vient d'entendre, M. l'avocat Bergoënd, membre du Comité des Ecoles libres, improvise un remarquable discours que nous sommes heureux de pouvoir reproduire.

Très Révérend Frère Valfrid, Messieurs.

Il n'est pas facile de prendre la parole, après les princes de l'éloquence, qui ont si bien exprimé tout ce que le cœur et l'imagination peuvent suggérer, au sujet d'une si belle fête.

Mais vous avez, tout à l'heure, Très cher Frère, prononcé quelques mots qui m'ont vivement impressionné, comme père de famille et citoyen de Thonon.

Vos anciens élèves devaient naturellement avoir la première place dans votre cœur, mais vous n'avez pas oublié les habitants de cette ville de Thonon, où, depuis si longtemps, vous avez consacré votre vie à l'éducation de la jeunesse ; vous n'avez pas oublié non plus vos amis, qui sont si heureux de s'associer, au moins par leurs vœux, à vos labeurs et d'applaudir à vos succès.

Voilà pourquoi je ne puis résister au désir de vous exprimer publiquement les sentiments de vénération et de reconnaissance que m'inspire ce dévoûment d'un demi-siècle pour l'instruction et l'éducation de nos enfants.

Mais comment vous retracer et vous dire ce qu'éprouvent nos cœurs à la pensée de cette vie de sacrifice et d'abnégation ?

Il faudrait avoir l'éloquence et le cœur du Père Joseph, le continuateur et propagateur des œuvres de St-Vincent de Paul, pour apprécier et louer dignement les œuvres du disciple du Bienheureux de La Salle.

Il me reste cependant une ressource bien consolante et bien féconde ; c'est de m'associer aux intentions des organisateurs de cette fête.

Vous avez eu, Messieurs, une heureuse et patriotique inspiration, en conviant vos anciens condisciples et les amis des chers Frères à cette fête qui est un hommage rendu au dévouement le plus noble et le plus absolu.

Vous avez mis le comble à vos intentions pieuses, en offrant à votre ancien Maître la statue du Fondateur et du Modèle de cette admirable institution des écoles chrétiennes.

Vous ne pouviez offrir un spectacle plus encourageant et plus édifiant aux élèves et aux maîtres que celui du Bienheureux de La Salle, au milieu de ces deux élèves ravissants de confiance, de docilité et d'amour de l'étude.

Vous avez ainsi élargi le cercle de cette belle manifestation, que nous nous plaisons à adresser à l'institution tout entière.

Quand on pense à tous les bienfaits qu'a répandus cette institution sur la société, on ne peut s'empêcher de reconnaitre l'action de la Providence pour le salut des âmes et des sociétés qu'elle a confiées à l'Eglise de Jésus-Christ.

Partout et toujours, en effet, elle a placé un remède à côté des maux qu'ont suscités la malice et la perversité des hommes. Au Jansénisme étroit et désolant, elle oppose la douce figure de St-François de Sales et le cœur compatissant de St-Vincent de Paul.

Avant qu'on vît apparaître le voltairianisme ricaneur et impie, le Bienheureux de La Salle avait reçu la mission de fonder cet admirable Institut qui n'a pour ambition que de répandre l'instruction dans toutes les classes de la société, de former de bons chrétiens, de bons pères de famille et de bons citoyens.

Messieurs les Membres du Comité, organisateurs de cette belle fête, on ne peut que vous féliciter et vous applaudir. Les Maîtres qui vous ont élevés reçoivent aujourd'hui la plus belle récompense qu'ils puissent ambitionner ici-bas.

Je bois à leur santé et à la vôtre.

Vivent les Maîtres qui ont formé de tels élèves et vivent les élèves qui ont si bien profité de leurs leçons !

La virile poésie suivante comprise dans le programme du banquet n'a pu être déclamée faute de temps ; nous l'insérons quand même pour l'édification de nos lecteurs.

COUP DE CLAIRON

A LA JEUNESSE DE FRANCE.

I.

Qui vive ?...
Dans la nuit, sous l'orage qui passe,
La France est là qui pleure, appelant dans l'espace,
Cherchant à l'horizon le mot du lendemain :
Mais personne n'écoute et ne lui tend la main,

Qui vive ? dit là-haut, en secouant son aile,
L'ange gardien du temps et de l'humanité ;
Qui vive ?... Mais la voix de l'Ange en sentinelle
Se perd au fond des cieux et de l'éternité.

Qui vive ? dit l'Eglise à la foule indocile
Qui s'en va trébuchant sur un sol qui vacille,
Rebelle à tout devoir, à l'honneur, au remords.
Répondez !... Tous les cœurs généreux sont-ils morts ?

Faut-il désespérer que la France renaisse,
Qu'elle soit un vrai peuple et non plus un troupeau ?..
Qui vive ?
— Nous.
— Qui, vous ?
— L'avenir. La jeunesse,
Frémissante et debout autour de son drapeau ;

Nous, hommes de vingt ans, de dix-huit et de seize,
Fils de race chrétienne et de race française,
Portant notre *Credo* dans un cœur bien vivant,
Toujours prêts au signal, si Dieu dit : « En avant ! »

II.

Soyez prêts ! Dieu, par vous, fera de grandes choses ;
Par vous tous qui savez le prix de vos vingt ans ;
A qui l'espoir sourit, comme au printemps les roses :
Nous aurons un été, car... voici le printemps.

Nous aurons un été : qu'importent les orages ?
La tempête affermit le chêne — et les courages :
Marchez, le front levé, sans redouter les coups,
Le ciel sur votre tête et votre cœur en vous.

Des sages affolés mènent à la déroute
Les peureux, les fuyards, les prudents, les rêveurs ;
Mais cette foule est lasse et se dit, sur la route :
Qui donc nous sauvera ?...
Les voilà, les sauveurs !

Il faut, pour nous sauver, croire, agir, lutter, vivre.
Connaître le Sauveur divin, l'aimer, le suivre,
Courir droit au succès, mais à la peine aussi,
Etre jeune et vouloir... Des sauveurs, en voici !

III.

Restez jeunes, chrétiens : l'Eglise vieillit-elle ?
Non, à ses pieds la mort jette les nations :
Mais comme Jésus-Christ l'Eglise est immortelle,
Et marche sur les flots des générations.

Un peuple naît, grandit, règne, s'épuise et tombe.
Jeune comme le Christ au sortir de la tombe,
L'Eglise lance au temps ses solennels défis ;
L'Eglise est toujours jeune, et vous êtes ses fils.

Comme elle, voyez loin et voyez beau comme elle :
Ah! lorsqu'elle voit pur, la jeunesse voit beau ;
Hommes d'un jour, voyez la lumière éternelle,
Dont, aux sentiers du bien, le vrai tient le flambeau.

Insultez aux vaincus qui fuient les nobles tâches ;
Faites honte aux blasés: les blasés sont des lâches,
Masquant d'un faux orgueil une indigne torpeur ;
Ils ont peur.... L'ennemi, l'ennemi, c'est la peur !

La peur! qui donc y songe en vos rangs, à votre âge ?
Un cœur jeune est à l'aise où le danger grandit ;
Il force le respect et fait taire l'outrage...
Qu'un jeune héros passe et le monde applaudit.

L'autre jour, un enfant (faut-il qu'on vous le nomme ?)
Se montra bon Français : tous dirent : « C'est un homme ! »
Quand, bravant tout hasard et toute trahison,
Il s'en vint de l'exil, conquérir la prison.

Vous, malgré les trembleurs, marchez en assurance ;
Parmi les renégats, marchez avec fierté,
L'espoir dans l'âme, au front la joie, au cœur la France ;
C'est au-devant de vous que vient la liberté.

Chrétiens, à votre allure, il faut qu'on reconnaisse
Ces maîtres dont la foi forma votre jeunesse,
Dont le zèle enhardit vos cœurs et les garda,
Dont l'exemple et la voix vous dit : *Sursum Corda !*

Jeunes soldats de Dieu, de vos chefs soyez dignes ;
Des chefs vaillants et doux qui, sans épée au flanc,
Endossent pour armure, étalent pour insignes,
L'humble soutane noire et l'humble rabat blanc.

IV.

Qui vive ?

— Nous.

Qui vous ?

— La jeunesse chrétienne.

— Quel est votre mot d'ordre ?

— « Unis, quoi qu'il advienne. »

— Qui sont vos ennemis ?

— La peur et les blasés.

— Votre drapeau ?

— La Croix.

— Salut, jeunes Croisés !..

Le combat sera dur, le chemin long.

— Qu'importe ?

Quand nous marchons, quelqu'un là-haut compte nos pas ;
Nous luttons, nous vivons, la France n'est pas morte ;
Vive Dieu, qui vaincra, puisque Dieu ne meurt pas !

P. V. Delaporte, S. J.

BÉNÉDICTION DE LA STATUE

du Bienheureux J.-B. de La Salle et Salut du Très Saint Sacrement.

La fête commencée par la prière et le Saint Sacrifice de la Messe, s'est continuée tout le jour comme dans une atmosphère de foi et de piété. Tout, soit dans les nombreux discours et toasts prononcés, soit dans l'Assemblée des anciens élèves, élevait l'âme et lui communiquait une nouvelle flamme d'ardeur pour la vérité et le bien. C'est par la prière, par des chants d'action de grâces que nous devions la clôturer.

Le temps si inclément le matin est devenu tout à fait serein.

A cinq heures, une foule immense se presse dans les cours pour la cérémonie de la bénédiction de la statue du Bienheureux.

La Cantate suivante au Bienheureux de La Salle est exécutée avec une précision et une mélodie remarquables par la chorale du Pensionnat.

CANTATE

en l'honneur du Bienheureux J.-B. de La Salle

Au Bienfaiteur du peuple, au Père de l'enfance,
Redisons les vivats d'un filial amour ;
Près de ce monument de la reconnaissance,
Chantons un hymne saint, l'hymne de l'espérance.
A de La Salle offrons notre hommage en ce jour.

Peuple, tu n'as pas vu d'homme plus magnanime,
A toi se dévouer d'un zèle plus constant ;
Dans sa foi te servir plus humble, plus sublime,
Et vouloir ton bonheur d'un désir plus ardent.
Il méprisa pour toi la fortune et la gloire :
Son triomphe est le tien, proclame ses vertus ;
De ses faveurs comblé, bénis-en la mémoire,
Et rends-lui les honneurs qu'il t'a toujours rendus.

Peuple, avec respect environne
Ce bronze auguste et protecteur,
Et de ta noble main couronne
De La Salle ton bienfaiteur.
De ta puissante voix acclame
Le héros de la charité,
Et consacre dans ta grande âme
Son nom à l'immortalité.

Vous, les enfants du peuple, au mal, à l'ignorance,
En tout lieu, chaque jour, par ses soins arrachés,
Vous dont il embrassa la vie et l'indigence,
Qu'il choisit pour amis sous vos haillons cachés,
Qu'il honora d'un culte et d'une foi fidèles ;
Vous qu'il trouvait si beaux dans votre dénûment
Dont il voulait sauver les âmes immortelles,
Venez, entourez tous son pieux monument.

Enfants, vénérez votre Père,
Exaltez son nom glorieux.
Adressez-lui votre prière :
Il l'entendra du haut des cieux.
Ornez de fleurs sa douce image,
Vous, sa couronne et son trésor.
Restez, restez son héritage ;
Son regard vous réchauffe encor.

Heureux La Salle, ô toi dont le divin génie
Couvre le monde entier de bienfaits éclatants,
Veille sur nos destins et de ta main bénie,
Relève vers le Christ la nation des Francs.
L'Eglise attend de toi quelque nouveau miracle
Maintenant qu'à son ciel ton astre resplendit ;
Thonon la voit présente à ce touchant spectacle
Et sa main te couronne et la terre applaudit.

Gloire à Dieu ! l'Eglise immortelle
Va proclamer ta sainteté ;
Car tu partages avec elle
Sa céleste immortalité.
Des autels dans ses basiliques
Sont élevés à ton honneur,
L'enfant chrétien dans ses cantiques
Peut t'invoquer, saint Protecteur.

Un apôtre du Bienheureux J.-B. de La Salle et ami du Pensionnat St-Joseph, mais qui veut garder l'anonyme, a épanché sa foi et son cœur dans les strophes suivantes :

Au milieu du concert qui vers le Ciel s'élève,
Quel spectacle imposant s'offre à mes yeux ravis !
Eh ! ne serait-ce point le mirage d'un rêve,
Qui d'une cour de jeux du ciel fait un parvis ?

De brillantes couleurs devant nous revêtue,
Sous les longs plis flottants de faisceaux d'étendards,
Sur ce beau piédestal, quelle est cette statue,
Qui, d'une foule immense attire les regards ?

O bonheur ! ô transports ! ô jour de sainte ivresse,
Ce rêve d'or est bien une réalité.
Dans ce bronze revit l'Ami de la jeunesse,
L'Apôtre des enfants, l'Ange de charité.

Oh ! oui, le voilà bien l'immortel Jean-Baptiste,
Portant sur son beau front l'auréole des saints...
Le voilà sous les traits burinés par l'artiste
Sur un trône de marbre élevé par nos mains.

Le voilà rayonnant sous les plis de la bure,
Qui couvrait pour l'Enfance un cœur brûlant d'amour..
Le voilà triomphant d'une gloire plus pure
Que nos rois du génie et nos héros d'un jour.

Des plus brûlants vivats acclamons sa mémoire ;
Proclamons ses bienfaits ; dévoilons ses grandeurs ;
Mêlons nos humbles voix à l'hosanna de gloire,
Que son nom fit jaillir de millions de cœurs.

Escorté d'un enfant, penché sur un volume,
Et d'un autre, dont l'œil semble entrevoir les cieux,
Qu'il est beau dans l'éclat du feu qui le consume,
Changeant son banc d'école en trône radieux !

Cette bure, jadis couverte de poussière,
Eut des parfums d'encens sous des gerbes de feux,
Et sur tout continent, invincible bannière,
De quinze mille cœurs elle abrite les vœux.

Dans ce Pensionnat, viens donc prendre ta place,
Noble image d'airain du récent Immortel ;
Viens-y de ses vertus éterniser la trace,
Et faire de son trône un marche-pied d'autel !

Honneur, amour, triomphe, en ce grand jour de fète
Au Héros dont le nom fait tressaillir nos cœurs !
Toujours nouveaux faisceaux de lauriers sur sa tête,
Et toujours à ses pieds nouveaux bouquets de fleurs !

II.

Mais quel nom vois-je encor buriné sur la pierre ?
Très cher Frère Valfrid !... Qui ne connaît ce nom ?..
Beau nom qui succédait un jour au nom de Pierre,
Doux nom d'un autre Alman béni dans tout Thonon.

Et quel est l'autre mot qu'apporte encor la brise ?
Ah ! Silence ! Ecoutons ! Noces d'Or ! Noces d'Or !
A ce nom, tout sourit, tout chante et s'électrise ;
Les vœux, les voix, les cœurs vers Dieu prennent l'essor.

Valfrid et Noces d'Or ! — Ici quels mots magiques !
Valfrid ! du Directeur type et presque idéal...
Noces d'Or ! Cinquante ans, vertus évangéliques,
D'un Fils de Jean-Baptiste ornant le cœur royal.

Vive de tant de fronts l'affectueux sourire !
Vive de tant d'amis le concours empressé !
Vive de tant d'enfants le filial délire
Aux brillants horizons d'un si fécond passé !

Voyez... Un demi-siècle est léger pour la tête,
Où les fruits de l'automne et les fleurs de l'été
Tressent en ce beau jour des guirlandes de fête,
Brillantes d'espérance et d'immortalité.

Béni soit donc ce jour de la reconnaissance,
Dont le soleil semblait lent à s'irradier !
Quelle date plus chère au cœur de cette enfance,
Qui ne sait que jouir et que remercier !

Béni soit Dieu surtout du trésor d'un tel père,
Dont le cœur rajeunit sous les beaux cheveux blancs !
N'a-t-il pas la tendresse et les soins de la mère,
Lui, l'amour, lui, l'honneur, lui, le roi des enfants?

Quand on fut cinquante ans au travail, à la peine,
N'a-t-on pas tous les droits d'être un jour à l'honneur ?
Et de grouper les siens, pour mieux reprendre haleine,
Dans un *Magnificat* parti du fond du cœur ?

A lui donc nos souhaits brûlants comme la flamme ;
A lui de nos vivats le triomphal accord !
A lui dans tout Thonon les mercis de chaque âme,
Et ce royal bouquet des fleurs des Noces d'Or !

Avant de procéder à la bénédiction de la Statue, le Révérend Père Joseph, avec une éloquence toute de foi et de zèle commente ces paroles tombées de la bouche divine : « Laissez venir à moi les petits enfants. »

Nous regrettons vivement de ne pouvoir donner qu'un aperçu de cette magnifique instruction.

Du pied de ce monument de la reconnaissance et de la vénération, laissez-moi vous redire, mes Frères, ce qu'est de La Salle et ce qu'il a fait.

Il est l'élu, le Saint de Dieu ; il est le plus grand Bienfaiteur du peuple qu'ait produit notre France ; il est le Fondateur de cet admirable et patriotique Institut des Frères, que le monde entier connait et entoure de confiance et d'amour........

Ce qu'il a fait, je vous le dirai en deux mots : à l'exemple de son divin Maître, il a aimé l'enfance et lui a sacrifié ses dignités, sa fortune, sa santé, sa réputation même. On vous a dit toutes les contradictions qu'il a rencontrées sur son chemin, à Reims comme à Paris, à Rouen, à Marseille, de la part de sa famille, de ses amis de ses premiers protecteurs, devenus ses adversaires les plus ardents.

Rien n'a manqué à ses épreuves, ni les censures d'une aristocratie préoccupée d'idées mondaines, ni les ingratitudes d'une populace ameutée contre lui, ni les calomnies, ni la trahison même de quelques-uns de ses propres disciples, ni les persécutions de ceux qui devaient le protéger..

C'est l'immortel honneur de J.-B. de La Salle d'avoir compris que l'instruction, l'éducation populaire devait avoir son ordre religieux spécial et distinct............

Il fonde son œuvre sur la pauvreté et l'abandon à Dieu. Voilà sa richesse et sa force.

. . . .

A vous, mes Frères et parents chrétiens, de mettre à profit ces graves leçons, à vous de comprendre que la religion constitue la base essentielle de l'éducation, qu'il faut donner à l'âme, à l'intelligence de l'enfance, le pain de la vertu.

. . . .

Après cette chaleureuse et forte allocution, a lieu la cérémonie de la bénédiction de la Statue.

Nous nous rendons ensuite à la chapelle pour assister au Salut solennel du Très Saint-Sacrement, terminé par le *Laudate* chanté avec un religieux enthousiasme.

Puis la foule se retire calme et recueillie, emportant les plus doux souvenirs et les plus salutaires impressions.

ILLUMINATION DE L'ÉTABLISSEMENT

Notre fête touchait à son déclin. Un temps doux, un ciel pur, contraste heureusement avec le temps pluvieux du matin.

Les embellissements du Pensionnat déjà si admirés font à cette heure un effet plus imposant encore.

La façade de la chapelle, les immenses balcons de l'Etablissement, les arbres de la cour constellés d'une multitude de lumières de toutes couleurs, présentent un aspect vraiment féérique.

Pendant que l'assistance contemplait ce ravissant spectacle la fanfare et la chorale exécutaient tour à tour leurs plus harmonieux accords, et un splendide feu d'artifice, lançant dans les airs ses gerbes de lumière, semblait unir le ciel à la terre et porter au Bienheureux J.-B. de La Salle la joie et les vœux de ses enfants.

Et la fête était finie, car tout finit, hélas ! sur cette terre, même ce qui nous donne un instant l'illusion du ciel où rien ne doit jamais finir.

Oh ! que les fêtes religieuses sont belles et touchantes ! et combien le spectacle dont nous avons été les heureux témoins, durant ce jour béni, laissera de profondes et de bienfaisantes impressions !

Des comptes-rendus de la fête du 29 juin ont été publiés par différents journaux : L'*Union Savoisienne*, le *Courrier de Genève*, le *Fribourgeois*, le *Chablais et l'Echo du Salève*, etc.

Nous sommes forcés de nous limiter aux relations suivantes.

UNE BELLE FÊTE

Des rives du Léman.

Monsieur le rédacteur,

Dans ma dernière lettre, je vous parlais de la fête qui se préparait à Thonon-les-Bains pour célébrer dignement les Noces d'Or du T. C. Frère Valfrid, directeur du pensionnat Saint-Joseph.

Beaucoup de vos lecteurs connaissent ce digne fils du Bienheureux de La Salle. J'espère les intéresser en vous envoyant un rapide compte-rendu de cette solennité.

Rien n'a pu arrêter les anciens et reconnaissants élèves du T. C. Frère Valfrid. Déjà dans la journée du 28 juin, arrivent de tous côtés les aînés du Pensionnat St-Joseph. C'est un plaisir de revoir tous les « vieux », de se reconnaître, de se serrer la main. Ne sont-ils pas tous des enfants du même père vénéré, les fils de la même famille chrétienne ?

Par les soins du comité d'organisation, le pensionnat est décoré comme aux grands jours de fête. Les inscriptions les plus variées nous redisent à l'envi les vertus et les mérites de notre vénéré directeur. Au milieu de la grande cour, témoin de nos joyeux ébats d'autrefois, se dresse majestueusement le monument du Bienheureux de La Salle, offert au T. C. Frère Valfrid, à l'occasion de ses Noces d'Or, par ses anciens élèves et amis.

A 8 heures, a lieu la réception des invités. Sur toutes les figures, on lit la joie et le contentement.

A 8 h. 1|2, grand'messe en diacre et sous diacre à la chapelle devenue trop étroite pour la circonstance. M. le T. R. Curé de Thonon, ancien aumônier du pensionnat, officie; M. le T. R. Curé Comte, à Châtel-St-Denis, fait diacre. La vaillante Chorale du pensionnat exécute une magnifique messe en musique. Après l'Evangile, nous avons le bonheur d'entendre la parole éloquente du T. R. Père Joseph, chevalier de la Légion d'honneur, fondateur et directeur de l'orphelinat de Douvaine, le brillant orateur que nous écoutions avec émotion, il y a quinze ans déjà. C'est toujours le fidèle et dévoué ami du pensionnat qui parle ; il donne aux élèves anciens et nouveaux les plus sages conseils pour résister aux assauts de l'irréligion et de l'erreur.

Après l'office, hommages au vénérable jubilaire. M. Joseph Moynat, président du comité d'organisation, au nom des anciens élèves réunis à ses côtés, et au nom de ceux qui sont empêchés d'assister à la fête, prononce le discours d'ouverture. L'orateur est le fidèle interprète des sentiments de tous. Une cantate au T. C. Frère Directeur est exécutée par la Chorale. On présente ensuite à l'assemblée un magnifique portrait à l'huile, grandeur naturelle, du T. C. Frère Valfrid. Cette œuvre artistique, d'une admirable ressemblance, est due au pinceau habile de M. Baud. Ce tableau servira à perpétuer à travers toutes les générations d'élèves qui se succèderont le souvenir du vaillant et austère religieux.

Cette émouvante cérémonie terminée, les anciens élèves se réunissent pour jeter les fondements de l'association des anciens élèves du pensionnat. Le R. P. Joseph préside l'assemblée et nous explique l'importance de l'association. Les articles du projet de statuts sont ensuite adoptés.

A 1 heure, sous la présidence du jubilaire, grand banquet, auquel assistent le R. P. Joseph, les membres du clergé, tous les professeurs, les invités, les élèves anciens et nouveaux. Plusieurs toasts éloquents sont prononcés ; je cite avec plaisir celui de M. le T. R. Curé Comte, qui parle au nom des anciens élèves fribourgeois.

La bénédiction du monument du B. de La Salle est très solennelle. Le monument est découvert maintenant.

Il se compose d'un groupe en fonte bronzée, représentant le Bienheureux ayant à ses côtés deux enfants auxquels il apprend à lire. Cette œuvre d'art repose sur un beau piédestal en granit poli, sur les faces duquel je lis les inscriptions suivantes :

Bienheureux J.-B. de La Salle, fondateur de l'Institut des Frères des Ecoles Chrétiennes (1651-1719).

*
* *

L. S.

Revis dans tes enfants
Pour l'Eglise et la France ;
Garde leurs cœurs ardents,
Pleins de foi, de vaillance.

*
* *

Noces d'Or du Très cher Frère Valfrid.
Témoignage de reconnaissance et de vénération.
Ses élèves et ses amis — 29 juin 1890.

*
* *

Nulle éducation sans la foi et la piété.
Dieu, et de là, toutes les vertus, tous les devoirs.

A 8 heures du soir, le pensionnat offre un aspect féérique. C'est le moment de l'illumination. Les chants, les morceaux de fanfare, les feux d'artifice de toute beauté se partagent les trop courts instants qui nous restent... et la fête du cinquantenaire du T. C. Frère Valfrid est terminée. Elle laissera dans tous les cœurs un souvenir ineffaçable.

J.-B. M.

Monsieur le rédacteur,

Laissez-moi ajouter quelques mots seulement au compte-rendu si fidèle qui précède et que vous avez bien voulu me communiquer.

Entré chez les Frères de la Doctrine chrétienne à l'âge de 14 ans, le T. C. Frère Valfrid a donc 64 ans qu'il porte très allègrement. Simple, modeste, d'une bonté jointe à une grande fermeté, se faisant tout à tous, le vénérable jubilaire jouit d'une considération générale et justement méritée. Aussi a-t-il reçu de toutes parts des témoignages sincères de sympathie, de respect et de reconnaissance. « Je dois reconnaître le mérite là où il se trouve », disait au retour de sa visite chez le Frère Valfrid une notabilité de Thonon, cependant peu sympathique au pensionnat.

Dans un langage admirable, le R. P. Joseph a rappelé les travaux si féconds du T. C. F. Valfrid pendant une carrière de cinquante ans. Le vénéré directeur, a dit l'éminent orateur, a mérité la plus belle couronne, celle formée de tous les cœurs. Espérons qu'il pourra ajouter à ses Noces d'Or celles de diamant.

Après la messe, j'assiste à une cérémonie des plus touchantes : tour à tour des anciens et nouveaux élèves nous donnent de charmantes productions. La chorale exécute une cantate, un élève récite un compliment, un autre une poésie de circonstance. Bien des assistants ont été émus jusqu'aux larmes en entendant un jeune élève déclamer avec une habileté parfaite une poésie dédiée au T. C. Valfrid.

Ce distingué religieux s'intéresse beaucoup au canton de Fribourg et à la Gruyère en particulier, où il compte de nombreux amis. A Bulle même, le Frère Valfrid a toujours conservé d'excellentes relations avec plusieurs honorables familles. Que de jeunes gens du pays, aujourd'hui prêtres, magistrats, bons chrétiens, bons pères de famille, le Frère Valfrid n'a-t-il pas formés ?

J'ai été heureux de rencontrer dans cette belle fête des enfants de la Gruyère, MM. J.-B. Meyer, à Bulle, François Morard, son fils Antoine et Amey, au Bry, Joseph Chiffelle, élève.

Veuillez, Monsieur le rédacteur, être auprès du T. C. Frère Valfrid l'interprète des respectueux sentiments de ses amis et connaissances dans la Gruyère, empêchés d'assister à l'imposante cérémonie de dimanche.

Ad multos annos.

(Le Fribourgeois)

Numéro du *Chablais et l'Echo du Salève* du 6 juillet 1890.

Malgré le mauvais temps, les Noces d'Or du Très Cher Frère Valfrid, directeur du Pensionnat St-Joseph, ont été célébrées dimanche dernier avec une munificence sans égale et avec un concours nombreux d'anciens élèves et d'amis qui venaient exprimer au bon religieux leur reconnaissance et leur sympathie.

Dès huit heures du matin, une foule empressée et recueillie emplissait les cours et bientôt se rendait à la chapelle de l'Etablissement pour entendre la grand'messe solennelle, célébrée par M. le curé de Thonon. A l'offertoire, le R. P. Joseph, chevalier de la légion d'honneur, — qui a bien voulu présider cette fête de famille, — dans une allocution dite avec son éloquence bien connue, exulte l'humble religieux qui compte 50 ans de dévouement à la jeunesse, 50 ans d'un noble apostolat. Il remercie les personnes qui ont aidé à l'érection du monument au Bienheureux J.-B. de La Salle et en particulier le comité d'organisation, car ils ont rendu ainsi un éclatant témoignage de vénération à cet Institut des Frères, qui a produit tant de nobles cœurs.

La messe terminée, les assistants se réunissent sous le préau.

Le Très Cher Frère Valfrid arrive escorté par ses religieux et les nombreux prêtres venus de toutes parts pour le féliciter. La fanfare joue, les boites tonnent, et, apparait, porté par deux élèves du Pensionnat, le portrait en pied du noble Frère, œuvre de l'éminent portraitiste, M. Laurent Baud ; deux superbes bouquets, travail de M. Condevaux, jardinier de notre ville, encadrent ce portrait, qu'accompagnent deux tableaux représentant les établissements, où le Frère Valfrid a exercé ses humbles fonctions. Alors M. Moynat, président du Comité d'organisation de la fête, prend la parole, il retrace dans quelques lignes bien senties, la noble carrière de celui qui a été le digne successeur du T. C. Frère Alman et le continuateur de son œuvre ; il termine en exprimant le vœu de voir des noces de diamant s'ajouter pour le bonheur de tous, à ces Noces d'Or.

Des applaudissements prolongés et des vivats chaleureux répondent à ces paroles qui sont l'expression des sentiments de tous ; puis le T. C. Frère Valfrid, avec une bien douce émotion, remercie anciens et nouveaux élèves des vœux exprimés, il espère, lui aussi, être assez heureux pour se consacrer longtemps encore à l'éducation d'une jeunesse qui lui donne tant de joie et dont il a droit d'être si fier.

Une réunion d'anciens élèves présidée par le R. P. Joseph a lieu ensuite, dans laquelle sont jetées les bases d'une association amicale de tous les anciens élèves du Pensionnat, après quoi élèves et invités se trouvent réunis dans un banquet de près de 300 couverts que président une joie et une cordialité des plus franches. Et bientôt la série des toasts et des discours commenct,] chacun laisse déborder les sentiments de bonheur et de reconnaissance qu'il ressent et fanfare et chorale viennent mêler leurs plus gais accords à ce concert de tous les cœurs.

Mais la statue de Jean-Baptiste de La Salle est découverte. La chorale entonne l'hymne au Bienheureux, et la bénédiction du monument a lieu au milieu d'une population nombreuse, venue pour témoigner de sa dévotion envers le fondateur de l'instruction chrétienne populaire.

Enfin, de brillantes illuminations et un magnifique feu d'artifice sont venus clore cette journée qui s'est terminée au milieu des chants et de la musique. La foule émue s'écoule, emportant en son âme le délicieux souvenir d'une si belle fête et gardant l'inexprimable sentiment qui s'empare du cœur en face des grandes manifestations.

Un ancien élève.

OBSERVATION

Les Statuts votés dans l'Assemblée du 29 Juin devraient être insérés ici, mais le retard apporté à leur approbation par l'autorité préfectorale nous oblige à renvoyer leur publication.

Chaque associé recevra un exemplaire de ces Statuts aussitôt qu'ils seront imprimés.

Liste des Membres du Comité

de l'Association Amicale

des Anciens Elèves des Frères des Ecoles Chrétiennes

de Thonon-les-Bains

MM. MOYNAT Joseph, *Président.*
MUDRY Norbert, *Vice-Président.*
PORTIER François, *Secrétaire.*
MOYNAT J.-A., *Trésorier.*
BAUD Jacques.
BLANCHARD François.
CHARMOT Félix.
DÉPIERRE François.
DÉTRUCHE Maurice.
GUYON Louis.
MEYER Jean-Baptiste.
REVILLET Joseph.
THOMAZIC Joseph.

PRIX D'HONNEUR

Les deux PRIX D'HONNEUR décernés par l'Association Amicale ont été mérités par

MM. Portier Paul, de Thonon.
Brasier François, de Thonon.

LISTE DES MEMBRES

de l'Association Amicale

des Anciens Elèves des Frères des Ecoles Chrétiennes

de Thonon-les-Bains (1)

MM. Le Rd Père Joseph ✠, Supérieur des Orphelinats de Chens et Douvaine, *Président d'Honneur*.

Baud Jacques, négociant, à Evian-les-Bains.
Blanchard François, docteur-médecin, à Thonon.
Blanchard Jean, Inspecteur des Forêts, à Chambéry.
Blanc Louis, négociant, à Evian-les-Bains.
Birraux Henri, Hôtel de la Métropole, Genève.
Birraux Louis, rue Fontaine, 14, Genève.
Bonnard Martin, rentier, à Thonon.
Bonnet Louis, rue Pépinière, 123, Genève.
Bonnaz Lucien, cultivateur, à Ballaison, (Hte-Savoie).
Bonnaz Ludovic, à Ballaison (Hte-Savoie).
Bouchet Léon, menuisier, à Thonon.
Bruno (frère), prof[r], au Pensionnat St-Joseph, Thonon.
Buet François, propriétaire, à Morzine, (Hte-Savoie).
Chabert C., notaire, à Bons, (Hte-Savoie),
Chambet Fernand, prop[re], à Pers-Jussy, (Hte-Savoie).
Charmot Félix, notaire, à Thonon.
Charmot François, cafetier, à Thonon.
Chenevier François, négociant, à Thonon.
Chevalier Joseph, clerc de notaire, à Reignier, (Hte-Savoie).
Colly Joseph, clerc d'avoué, à Thonon.
Comte Jules, propriétaire, à Thonon.
David Désiré, rue Coutance, 21, Genève.
David Léon, négociant, à Annemasse, (Hte-Savoie).
Décompoix François, clerc de notaire, à Bons, Hte-Savoie).
Decorninge Emile, prop[re], à Puplinge, (Canton de Genève).
Delacroix Paul-Marie, clerc d'avoué, à Thonon.
Dentand François, prop[re], à Puplinge, (Canton de Genève).
Dépautex Gabriel, (frère Viventien), Directeur de l'Ecole de St-Julien, (Hte-Savoie).
Dépierre François, bijoutier, à Thonon.

(1) En cas d'inexactitude dans les adresses, prière d'en donner connaissance à M. le Secrétaire.

MM. Desuzinge Jean, chapelier, à Thonon.
Détruche Maurice, négociant, à Thonon.
Dubler Léon, propre, à Wohlen, canton d'Argovie (Suisse)
Duchêne Clément, dentiste, à Thonon.
Duchesne Lucien, tanneur, à Nernier, (Hte-Savoie).
Duchoud André, propriétaire, à St-Gingolph, (Suisse).
Duchoud Pierre, rue Vivienne, 37, Paris.
Dufour Jules, propre, à Habère-Poche, (Hte-Savoie).
Dufresne Jules, propriétaire, à La Tour, (Hte-Savoie).
Dunoyer François, cordonnier, à Thonon.
Elluin Henri, Hôtel de France, Thonon.
Favre Louis-Eugène, étudiant, Lalleyriat, (Ain).
Faye Albert, commis-greffier, à Thonon.
Fleury Camille, propriétaire, à St-Paul, (Hte-Savoie).
Fleury Claude, propriétaire, à St-Paul, (Hte-Savoie).
Forel Léon, étudiant, rue de Lort, 21, Thonon.
Freidel Jules, rue Versonnex, 5, Genève.
Frey Albert, profr, au Collège de Mongré, (Rhône).
Frognet Léon, propriétaire, à St-Cergues, (Hte-Savoie).
Gaudin Emile, rue Gutenberg, 10, Genève.
Gaudin Léon, rue Gutenberg, 10, Genève.
Gauthier François, boucher, à Thonon.
Gianola Jules, ferblantier, à Thonon.
Girod Henri, négociant, à Beaumont, (Hte-Savoie).
Grillon Auguste, commis de perception, à Thonon.
Guyon Louis, architecte, à Thonon.
Heusy Eugène, coiffeur, à Evian-les-Bains.
Iaeger Léon, négociant, à Fribourg, (Suisse).
Jacquet Louis, cafetier, à Thonon.
Jacquin Paul, négociant, à Doussard, (Hte-Savoie).
Laphin Marius, tanneur, à La Roche, (Hte-Savoie).
Latard Paul, employé, à Thonon.
Meyer Jean-Baptiste, négociant, à Bulle, (Suisse).
Millard Joseph, agriculteur, à Billens, Canton de Fribourg, (Suisse).
Morard Antoine, tanneur, Le Bry, Canton de Fribourg, (Suisse).
Moynat Joseph, tanneur, à Thonon.
Moynat Joseph-Antoine, huissier, à Thonon.
Mudry Norbert, avoué, à Thonon.
Mudry Joseph, comptable, à Thonon.
Naz Jean, à Saint-Jeoire, (Hte-Savoie).
Noll Jules, administrateur du journal *Le Chablais*, Thonon.
Nyauld Charles, propre, à Hermance, Canton de Genève).

MM. Nyauld Eugène, prop^{re}, à Hermance, (Canton de Genève).
Nyauld Paul, négociant, à Douvaine, (Hte-Savoie).
Pellisson Joseph, négociant, à La Tour, (Hte-Savoie).
Peyréron Léon, clerc de notaire, à Thonon.
Peyréron François, commis des Postes, à Guise, (Aisne).
Peyréron Jules, soldat au 52e de ligne, à Lyon.
Pignier Jules, menuisier, à Thonon.
Portier Eugène, dessinateur, à Thonon.
Portier François, commis de Banque, à Thonon.
Portier François, batelier, à Thonon.
Premat Emile, au Biot, (Hte-Savoie).
Quiblier Michel, propriétaire, à Essert-Messery par Douvaine, (Hte-Savoie).
Revillet Joseph, rep. de Commerce, rue Filature, Carouge.
Reydet Félix, La Roche-sur-Foron, (Hte-Savoie).
Rivollet Edouard, cult^{r}, à Veigy-Foncenex, (Hte-Savoie).
Rœmy Tobie (de), à Fribourg, (Suisse).
Rojas Albert, professeur de musique, à Mesnières, par Neuchâtel-en-Bray, (Seine-Inférieure).
Rollier Marie, commis-greffier, à Thonon.
Rollier Eugène, clerc de notaire, à Thonon.
Serex Charles, rue Pierre-Fatio, 9, Genève.
Tavernier Francis, agent d'assurance, à Taninges.
Tissot-Dupont Jean, cult^{r}, à Viuz-Faverges, (Hte-Savoie).
Thomazic Joseph, employé, Grand'rue, 30, Genève.
Trébilloux Gustave, chapelier, à Sallanches, (Hte-Savoie).
Trincaz Joseph, passage Montgallet, 4, Paris.
Ungerer Joseph, pharmacien, r. de la République, 57, Rouen
Wasserscheid Alexandre, menuisier, à Thonon.
Vaudet Paul, rue du Mont-Blanc, 21, Genève.
Vautravers Jules, marchand drapier, à Thonon.
Veillet Louis, cond^{r} des Ponts et Chaussées, à Thonon.
Verboud Victor, cultivateur, à Orcier, (Hte-Savoie).
Vernaz Charles, greffier, à Faverges, (Hte-Savoie).
Villac Joachim, maître d'hôtel, à Campinas, Brésil.
Vuataz Ferdinand, rue Coutance, 18, Genève.
Vuattoux Louis, cond^{r} des Ponts et Chaussées, à Thonon
Vuattoux Eugène, commis des Ponts et Chaussées, à Thonon
Vulliez Jean-François, prop^{re}, Hôtel des Vallées, Thonon.

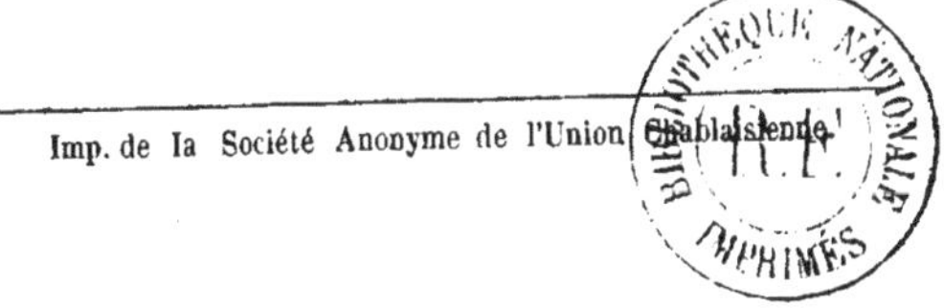

Imp. de la Société Anonyme de l'Union Chablaisienne.

www.ingramcontent.com/pod-product-compliance
Ingram Content Group UK Ltd.
Pitfield, Milton Keynes, MK11 3LW, UK
UKHW020401180726
13839UKWH00003B/1224